文化自信，从阅读开始

“文化自信与中国现当代文学·中学生读本”
编委会

“百部好书”扶持项目
GUANGDONG PUBLISHING

文化自信与中国现当代文学·中学生读本

海岳可倾诺不移

司马晓雯　黄红丽◎主编

青少年
品质阅读精选

语言·思维
审美·文化

广东高等教育出版社
Guangdong Higher Education Press
·广州·

图书在版编目（CIP）数据

海岳可倾诺不移/司马晓雯，黄红丽主编. —广州：广东高等教育出版社，2020.9

（文化自信与中国现当代文学：中学生读本/蒋述卓，陈剑晖，贺仲明主编）

ISBN 978－7－5361－6839－8

Ⅰ.①海…　Ⅱ.①司…②黄…　Ⅲ.①阅读课－中学－课外读物
Ⅳ.①G634.333

中国版本图书馆CIP数据核字（2020）第151107号

书　　名	海岳可倾诺不移 HAIYUE KE QING NUO BU YI
出版发行	广东高等教育出版社 地址：广州市天河区林和西横路　电话：（020）87554153 http://www.gdgjs.com.cn
印　　刷	佛山市浩文彩色印刷有限公司
开　　本	787毫米×1092毫米　1/16开
印　　张	11.5
字　　数	201千
版　　次	2020年9月第1版
印　　次	2020年9月第1次印刷
定　　价	36.00元

写在前面

作为一个编辑，我经常感叹文学的世界浩瀚如大海，书太多，而时间太少。作为一个母亲，我又经常困惑这么多书，该怎么选，读哪些书，才能让孩子在繁重课业之外挤出的阅读时间，读得有品质；怎么读，才能对他的阅读和写作能力提升有所帮助。同时我还非常苦恼，如何与处于叛逆期的孩子对话，建立沟通。众所周知，中学阶段是人的人生观、世界观、价值观以及思维方式、创造能力和审美能力形成的关键时期，而这些能力却绝非朝夕可成。很多家长即使意识到其重要性，但多半也不知从何入手，如何引导。

基于以上，我们尝试从中华文化精神的角度来做一套适合这一年龄段孩子阅读的书。

怎么选？我们遵循“循序渐进”、由浅到深、从近到远的原则。按照情感发展规律，即个人—家庭—国家（民族）—世界的思路精选12个专题。先侧重从中学生的日常生活、身边事物、自信自尊自强、诚实守信，以及文化人格塑造，如何对待爱情友谊，如何增强忧患意识，将个人的“小家”与国家的“大家”统一起来等方面着手。后由“小”到“大”，由“内”及“外”，由“近”及“远”，从个人、自我、家庭延伸到信仰、理想主义与英雄主义、天人合一、人类共同价值观，以及汉语文化、逻辑思维和创造性思维等。

我们首创“学术主编+教学主编”的编写模式，由知名高校学术主编与中学一线教研员、中学语文名师组成的教学主编，以现当代作家名作名篇为基础，围绕自尊自信自强、亲情与爱情等12个专题选择篇目，并以“中华文化精神”贯穿之，精挑细选，匠心打造，体裁涵盖散文、小说、杂文、诗歌、报告文学等文学样式。同时以入选的各篇目的通用版本为底本，撰写导读和作品赏读。编者悉心解读，所撰写的细腻、隽永的文字，引领我们步进文学的殿堂，领略文学之美，值得珍藏。

阅读是一种力量，在这里有300多位中国现当代名家，跨越时空，通过文学的形式，与我们的孩子对话，以想象性、形象性和情感性的文学作品深入孩子内心，通过共鸣，因感受而唤醒孩子自身的精神诉求，进而有意识地构建精神家园。这些作品一旦进入孩子的生命，就会成为其情感和审美结构的一部分，并在最深的意义上构成“自我”。在这纷扰的世界上，孩子无论是认识世界还是面对人生，都能保持正确的世界观、价值观、人生观，以及看问题的大局观。

同时我们特地邀请了各地几十所学校广播站的同学朗读选文作品。不一定是字正腔圆的专业朗读，但这些有感情、有温度的同龄人的声音一定能打动内心，扫码即可用耳朵“悦”读。

在编辑过程中，我们针对青少年的阅读心理和阅读习惯，按照现代出版规范对选文进行了处理，对部分选文做了删减。

在此还要向各选文的作者致以诚挚的敬意，是他们用自己伟大的思想和精湛的文字，为青少年一代提供了思想的源泉和振翅的境界。我们已委托中国文字著作权协会代理稿酬事宜，一并致谢。

希望这套书能够让我们的孩子从繁重的课业和纷杂的电子游戏中走出来，在文学的港湾憩息，感受到文学的力量并得到丰厚的滋养，从中获得面对未知的好奇、追逐梦想的激情、拥抱生活的热情、直面坎坷的勇气和击败困难的力量。

目录

内诚于心

外信于人

以诚立信

以信泽利

内诚于心

导读

诚信是人类社会的文化瑰宝，自古以来为各个民族、各种文明所推崇。在中华民族的文明史上，诚信的道德观念和生活实践源远流长，历来为人们所重视。商鞅徙木立信的故事影响至今，季布一诺千金的佳话广为流传，周幽王“烽火戏诸侯”的历史教训仍然警示着后人，而“狼来了”的寓言至今撞击着我们的心灵。三杯吐然诺，五岳倒为轻。时至今日，诚信已成为社会主义核心价值观的基本内容。

人无诚不实，人无信不立。“诚信”两个字历经岁月，被赋予了丰富的精神内涵。从词源上来看，“诚”与“信”意义相通，可以互相解释。《说文解字》解释：“诚，信也，从言成声。”“信，诚也，从人言。”但在实际使用中，它们所表征的意义又有一定的差别：“诚”是指向内心的一种品质和信念，即所谓“内诚于心”；“信”是指向外界的一种信义和承诺，即所谓“外信于人”。

内诚是外信的人格基础，而外信是内诚的社会呈现。因此，我国自古就把“诚”抬到了一个很高的层次。《周易·乾》早就提出“修辞立其诚，所以居业也”的命题，《荀子》教导人们“养心莫善于诚”，而《礼记·大学》则强调“欲正其心者，先诚其意”。

具体来说，“诚”的内涵表现在两个方面。一方面是“不自欺”，这是对自己而言的。不自欺就是要表里如一，言行一致，以澄明之心面对外界，真心实意，不口是心非。另一方面是“不欺人”，这是对他人而言的。不欺人就是要以诚相待，开诚布公，坦坦荡荡地面对他人，不阳奉阴违。

“诚”是一种力量。我国老百姓喜欢讲一句口头禅“心诚则灵”。这句话表面上看有几分迷信色彩，却能深刻表现出普罗大众对“诚”的敬仰和呼唤。“诚”的反面是欺诈、虚伪、隐瞒，不诚之人往往被鄙弃。诚实能够打动人，没有人不被真诚所打动，也没有人会被不诚所打动。所以，人们也常说“至诚通天”“精诚所至，金石为开”。有人总结得好：“学者不可以不诚，不诚无以为善，不诚无以为君子，修学不以诚，则学杂；为事不以诚，则事败；自谋不以诚，则是欺其心而自弃其忠；与人不以诚，则是丧其德而增人之怨。”

本部分所选的几篇文章，文学家巴金先生以亲身经历力倡“讲真话”；语文教育家叶圣陶则呼吁大家“学习鲁迅先生所具有的对任何事情都十分真诚的态度”；作家筱敏则揭开了纳粹统治下莱妮·瑞芬斯塔尔“缺乏诚实”的艺术幕布；毕淑敏喊出了“对自己诚实一点”的人生口号；韩小蕙的《陈忠实为我们改稿》，让我们触摸了一位老作家的“憨诚”脉搏；“一个人只要真诚，总能打动人的”，这句话从傅雷这位父亲的笔下流淌出来，意味深长；而罗宏的《骡子和金子》精彩地演绎了一个诚实守诺的动人故事。

今天，我们生活的移动互联网时代，资讯更丰富，生活更便捷，但人际关系也因此变得越来越错综复杂，各种尔虞我诈的现象也更为诡谲和隐蔽。在这种情况下，宣扬和倡导“诚信”显得更具有现实意义和时代价值。为人诚恳，待人诚实，做事诚信，是每个人为人处世应当遵循的基本规则，也是一个社会维持正常秩序和良好运行的必然要求。

作品

《真话集》后记[①]

巴 金

《随想录》第三集编成，收《随想》三十篇，我也给这一集起了一个名字：《真话》。

近两年来我写了几篇提倡讲真话的文章，也曾引起不同的议论。有人怀疑“讲真话”是不是可能。有人认为我所谓“真话”不一定就是真话。又有人说，跟着上级讲，跟着人家讲，就是讲真话。还有人虽不明说，却有这样的看法：“他在发牢骚，不用理它们，让它们自生自灭吧。”

我钦佩最后那种说法。让一切胡言乱语自生自灭的确是聪明的办法。我家里有一块草地，上面常有落叶，有时刮起大风，广玉兰的大片落叶仿佛要“飞满天”。风一停，落叶一片也看不见，都给人扫到土沟里去了。以后我到草地上散步也就忘记了有过落叶的事。

我一向承认谦虚是美德。然而我绝不愿意看见我的文章成为落叶给扫进土沟里去。但是文章的命运也不能由我自己来决定。读者有读者的看法。倘使读者讨厌它们，那么不等大风起来，它们早已给扔进垃圾箱去了。

我也曾一再声明：我所谓“讲真话”不过是“把心交给

---

① 选自《真话集》（生活·读书·新知三联书店 1982 年版）。巴金（1904—2005），中国文学家，著有《灭亡》等。

读者”，讲自己心里的话，讲自己相信的话，讲自己思考过的话。我从未说，也不想说，我的“真话”就是“真理”。我也不认为我讲话、写文章经常“正确”。刚刚相反，七八十年中间我犯过多少错误，受到多少欺骗。别人欺骗过我，自己的感情也欺骗过我。不用说，我讲过假话。我做过不少美梦，也做过不少噩梦，我也有过不眠的长夜。在长长的人生道路上我留下了很多的脚印。

我的《文集》，我的《选集》，都是我的脚印。我无法揩掉这些过去的痕迹，别人也不能将它们一下子涂掉。

我的生命并未结束，我还要继续向前。现在我的脑子反而比以前清楚，对过去走过的路也看得比较明白。是真是假，是正是错，文章俱在，无法逃罪，只好让后世的读者口诛笔伐了。但只要一息尚存，我还有感受，还能思考，还有是非观念，就要讲话。为了证明人还活着，我也要讲话。讲什么？还是讲真话。

真话毕竟是存在的。讲真话也并不难。我想起了安徒生的有名的童话《皇帝的新衣》。大家都说：“皇帝陛下的新衣真漂亮。”只有一个小孩子讲出真话来：“他什么衣服也没有穿。”

早在一八三七年丹麦作家汉斯·安徒生就提倡讲真话了。

一九八二年六月八日

赏读

巴金在1978年到1986年这8年间写了150多篇随笔，总题为“随想录”，由《随想录》《探索集》《真话集》《病中集》《无题集》等5个集子组成。在这部书中，巴金把自己对历史的反思、对自我的拷问、对往事的忏悔坦诚直白地讲述了出来。这是一个磊落正直的知识分子在经历了十年磨难后写下来的心灵历程史，是一部“讲真话的大书”、一部“知识分子的灵魂忏悔录”、一部“与全民族共忏悔的光辉巨著”，是“继鲁迅杂文之后的又一座散文丰碑”，是20世纪中国作家留给子孙的一份极其宝贵的精神财富。

在《随想录》《探索集》《真话集》等部分，作家写下了《说真话》《再论说真话》《写真话》《三论说真话》等六七篇与真话有关的篇目。作家在不断的“真话”论中自道：“过去我吃够了‘人云亦云’的苦头，这要怪我自己不多动脑筋思考。虽然收在这里的只是些‘随想’，它们却都是自己‘想过’之后写出来的，我愿意为它们负责”，“我相信过假话，我传播过假话，我不曾跟假话作过斗争。别人‘高举’，我就‘紧跟’；别人抬出‘神明’，我就低首膜拜。即使我有疑惑，我有不满，我也把它们完全咽下。我甚至愚蠢到愿意钻进魔术箱变‘脱胎换骨’的戏法。正因为有不少像我这样的人，谎话才有畅销的市场，说谎话的人才能步步高升。……”这里，巴金既有对历史的反思，也有对自我毫不留情的批判。

本文是《真话集》中的后记，是对《真话集》中诸篇“真话”的一个小结。巴金在这篇短文中，认为“讲真话”就是“讲自己心里的话，讲自己相信的话，讲自己思考过的话”。这三句话掷地有声，字字千钧，沉淀着历史的创伤和痛楚。只有经历过谎话、假话、空话满天飞的时代，体味过言不由衷、口是心非的虚伪人生的人们才可领略巴金这三句“真话”的深意。这三句话是用生命与鲜血换来的“真话”，是凝结着深刻教训的“真话”，它否定和批判了“跟着上级讲，跟着人家讲”的愚民政策和蒙昧主义。这是从那个灾难岁月挺过来的巴金先生的肺腑之言。

在这篇短文中，作家也诚恳反思了自己说假话的历史。这就是真实的自己，不能讳疾忌医，“是真是假，是正是错，文章俱在，无法逃罪，只好让后世的读者口诛笔伐了”。这就是“讲真话”的态度！

巴金这种真诚的反思和披肝沥胆的掏心态度，与他所崇拜的法国启蒙主义作家卢梭如出一辙。巴金在《随想录》中提及卢梭有五六处之多。在《探索集》第41篇《春蚕》一文里，巴金回忆：“1927年春天，我在巴黎开始写小说，我的启蒙老师是《忏悔录》的作者卢梭，我当时一天几次走过他的铜像前，我从他那里学到的是：讲真话，讲自己心里的话。”在《探索集·后记》里他又说：“我写小说，第一位老师就是卢梭，从《忏悔录》的作者那里我学到诚实，不讲假话。”

卢梭在《忏悔录》中坦白了自己的憎与爱、情与欲、善与恶，甚至吐露心中无人知晓而难以启齿的丑恶隐私，把一个真实的灵魂赤裸裸地暴露了出来。《忏悔录》展示了“人”完整而真实的面目，这个“人”虽然不是完美的，然而是真实可信的。卢梭打动巴金的，就是这种不说谎话、坦露真实灵魂的品格。此后的巴金，一直将卢梭尊奉为自己的“启蒙老师”，直至人生的晚年也未改这份“衷情”。

讲真话，坦露自己真实的灵魂是对人格的一种深刻关切。卢梭的《忏悔录》对巴金影响最深的就是真实的人格精神。巴金在《随想录》中，随处透出自己真实的人格和灵魂。

真话不一定是真理，但是假话绝不可能成为真理。巴金式讲真话“讲自己心里的话，讲自己相信的话，讲自己思考过的话”正是探索真理、接近真理的途径。

巴金晚年经常说“艺术的最高境界是无技巧”，这是他半个多世纪创作经验的总结。所谓“无技巧”，巴金解释“是写作同生活的一致，是作家同人的一致”，意即作品反映生活的真实性和作家表达感情的真诚性达到了一定的高度，而“技巧”不着痕迹地溶解在这种“真实性”“真诚性”中，使得作品看起来情真言宜。《随想录》就是这样的典范之作，这是艺术成熟的标志。

本篇正如《随想录》中的其他篇目，真情凝聚、语重心长、自然天成。虽然篇幅短小，却具千钧之力，文字质朴直白、浑然无饰，句句直达人心，撼人心魄。

作品

学习鲁迅先生的真诚态度[①]

叶圣陶

鲁迅先生逝世，激动了全中国以至世界上一切具有正义感的人们的心，大家于哀悼之馀，互相警惕着勉励着说：我们应该学习鲁迅先生的精神，跟着他笔尖所指示的继续向民族解放的光明的道途前进。鲁迅先生所有的是战斗的精神，是对恶势力不妥协的精神。这样的精神绝无疑义是每一个青年都应该学习的，尤其是在目前中国充塞着恶势力的社会里。

鲁迅先生的精神是目前每一个中国青年所应该学习的，学习从哪里着手呢？要答覆这一个问题，顶好追迹一下鲁迅先生那种精神所以产生的根源。对于这，自然可以有多方面的解释，但我们觉得顶重要的一点，该是他所具有的对任何事物都十分真诚的态度。例如就他在文学上的造诣而言，在目前似乎还难有能和他比肩的人。这并非由于他的天才或者技术上的修练有过人之处，而是由于他对整个中国民族的生活有过人的深刻的观察和认识。他对于中国民族的观察和认识所以能这样深刻，就由于他对中国民族有真诚的态度。他锲而不舍，爱憎分明，挚爱他所应该爱的，痛憎他所应该憎的。这些无一不是真诚态度的表现。这是从事于民族解放斗争的最高的态度。

① 选自《叶圣陶集》（第十二卷）（江苏教育出版社 1991 版）。叶圣陶（1894—1988），20 世纪的文学家、教育家。

目前中国民族所遭遇的危难已到了空前深重的境地，要把中国民族从这种危难解救出来，需要有无数的斗士同时在各方面致力。这是艰苦的工作，不能立时见效的工作。中国现代的革命运动，较远的不说，单就1925年以来短短的十一二年中而论，曾经参与斗争生活的人们，受不住威胁和利诱而中途变节的，以及从前线上退回来的已不在少数。何以致此？对于那些本来存着投机的卑劣心理的人，我们无须加以论列，而其中的大部分未始不由于缺乏真诚的态度，对任何方面观察和认识不深刻的缘故。

在目前，每一个中国青年都得担负着一份解放中国危难的责任，同时大家应该学习鲁迅先生所具有的对任何事情都十分真诚的态度。

1936年12月1日

赏读

鲁迅年长叶圣陶13岁，是叶圣陶推崇和尊敬的文学前辈。因为思想意趣的相近，叶圣陶与鲁迅先生有过深厚的友谊。据其儿子叶至善回忆，1936年10月，鲁迅先生逝世，叶圣陶参加鲁迅的出殡仪式后被报社约稿。“他写了一首七律和一篇短文，把七律《挽鲁迅先生》给了《作家》月刊，短文《鲁迅先生的精神》给了《生活星期周刊》。《中学生》还没有呢，只好回苏州去写吧。他写了一篇《学习鲁迅先生的真诚态度》”，这篇短论，后来编进了《中学生》第七十期的《卷头言》。（叶至善《叶圣陶与鲁迅先生二三事》）

这篇短论是纪念鲁迅先生的文章，缅怀鲁迅的伟大人生和其面对恶势力不妥协的战斗精神。1936年，正是民族将近沦亡的黑暗时期，正是我们的民族需要奋起求解放的关键时刻，正需要鲁迅先生的这种精神鼓舞民族斗志，实现民族自救。

叶圣陶的这篇文章言简意赅、中心突出。第一段开宗明义，提出鲁迅先生去世，留下的精神遗产值得我们学习；第二段提出学习鲁迅先生的真诚态度，这种“真诚”的态度是他取得成就的主要原因，也是当前民族解放最需要的态度；第三段反面说明当前国难深重，大部分原因是缺乏鲁迅的“真诚”态度；最后一段号召当时的广大青年学习鲁迅的真诚态度，解救中国危难。文章显示了作为语文教育家的叶圣陶先生为文的大家风范，严密简隽。

文章认为，鲁迅先生之所以有这种战斗精神，正是因为鲁迅先生有“对任何事物都十分真诚的态度”，所以才对“整个中国民族的生活有过人的深刻的观察和认识”，所以才能取得无人比肩的文学成就。鲁迅先生以其赤子之真诚，憎其所憎，爱其所爱。他的思想见解深植在中国社会现实的土壤中，散发出时代真实的气息。真诚使鲁迅发现别人不能发现的真实，也使他能够说出别人不愿或不敢说出的真实，笔下才能入木三分，刻画出民族的灵魂。

鲁迅对中国现代思想和文化的巨大影响是无人比肩的。叶圣陶先生在1936年纪念鲁迅先生的时候也许还没有看到这一点，只是看到了其文学成就和不妥协的战斗精神，但是他说到了鲁迅身上有一种别人缺少的品质，即“对任何事情都十分真诚的态度”，他把鲁迅先生的全部精神遗产归于这一点，也是切中肯綮的。

叶圣陶先生解释这种“真诚”的态度：是对于民族的真诚态度，锲而不舍、爱憎分明，并且认为这“是从事于民族解放斗争的最高的态度”。

“真诚”，就是不虚伪，不违心。真诚是鲁迅人格的核心之一，鲁迅是发“至诚之声”的精神界战士。鲁迅先生以其赤诚之心批判国民性中缺乏诚与爱，批判“瞒与骗”的文学，而他作为“真的猛士，敢于直面惨淡的人生，敢于正视淋漓的鲜血”。鲁迅的真诚孕育出一篇篇散发着生命热力的作品，悲悯深切，这是他的作品感人至深的根本原因，也是他对艺术忠诚的表现。

鲁迅从不做豪言壮语，也没有大话空言，却勇于自剖和自责，真诚、恳切、严厉。他在一封信里说：“自问数十年来，于保存自己之外，也时时想到中国，想到将来，愿为大家出一点微力，却可以自白的。”这是鲁迅很罕见的自我肯定，前面一句“于保存自己之外”更是一般人不会说的诚恳实在的真话。

鲁迅的社会批评和文化批评类杂文，如匕首投枪般锋利冷峻，被批评为爱“骂人”。实际上他的暴露和讽刺后面是炽热的改造国民性的宏愿，是“我以我血荐轩辕”的赤诚。

作品

诚实与否，这是一个问题[①]

筱 敏

德国电影导演莱妮·瑞芬斯塔尔在百岁上去世，中国的许多报章报道了这一消息，有的篇幅相当不小，配以瑞芬斯塔尔从青春到衰年的照相，其中自然少不了希特勒多次接见她的合影。中国人对瑞芬斯塔尔的如此兴趣像是有些奇怪，这超出了我们对许多世界性艺术家的关注，也超出了艺术本身。事实上，有机会看到过瑞芬斯塔尔影片的中国人很少，能够领略她那些首创性的摄制技巧的更少，这个无论是时间还是空间都与我们相距遥远的艺术家，所以刺激我们的，是她的艺术背面的更为广延的问题，那是时间与空间都不能抹平的问题，即便我们不愿意承认那问题与我们相关。

作为一名电影艺术家，瑞芬斯塔尔生活的年代是上世纪的三四十年代，在她的祖国，那是希特勒第三帝国的年代。瑞芬斯塔尔的艺术生涯是在这样一个年代达到了自己的峰巅。这年代之于她，如水之于鱼，林之于鸟，因之那也是她的年代。其时她执导了两部气势恢弘的标志性作品，皆为大型纪录片，一部是为 1934 年纽伦堡纳粹党大会所拍摄的《意志的胜利》，一部是为 1936 年柏林奥运会所拍摄的《奥林匹亚》。两部影片都

① 选自《捕蝶者》（花城出版社 2007 版），有改动。筱敏，1955 年生于广州，诗人、散文家，著有诗集《米色花》，散文集《成年礼》《风中行走》等多部。

以其特异的艺术效果令人震撼，在电影史上堪称无与伦比，从而一次再次获得世界性大奖。

瑞芬斯塔尔当然是极具艺术才华的，在那个德国妇女都遵照党的意旨，以回家去生育优等人种为己任的年代，她却得以走到广场上去，奇迹般地执掌起艺术的权力——或者说权力的艺术，卓然独立在其事业的峰顶。这辉煌的年代以算术的说法在她百岁生命中所占很短，但其炫目的光焰已经将她整个一生遮没了，以致她一生都沉迷于那光焰。直到她垂暮之年，在第三帝国覆亡半个多世纪以后，她依然以此自恃，说："我不知道我应该为什么道歉。就像我不能为拍摄了《意志的胜利》而道歉——它获得了最高奖，我所有的电影都获奖。"

瑞芬斯塔尔所要说的，是艺术成就的问题，而不是罪与非罪的问题。罪与非罪是法庭上的问题，所涉范畴毕竟较小，"成功越狱"毕竟容易。但在罪与非罪之外，却有着广延得多的政治与艺术的问题，却是难以逃逸的。瑞芬斯塔尔的后半生以超人的勤勉和坚毅，试图再次"越狱"，摆脱政治的纠葛，逃逸到艺术的庐舍里去，但这一次的"越狱"终究没有成功。她的艺术与政治胶结太紧，她的里程碑之作是钢筋混凝土结构的，她就是凭这样的结构成功登顶，而后来，她却企图带走她艺术的混凝土，抽掉并销毁她政治的钢筋。

瑞芬斯塔尔为自己辩护的理由是这样的：她在政治上很幼稚——她所追寻的永远是艺术之美——"我关注优秀和美好总是多于丑陋和疾病"——"我拍摄这些电影并没有什么政治原因"——"那时候有一个希特勒和一个政府，每个人都喊'嗨，希特勒。'那时候这样子很正常"——"我没有伤害任何人，也从来没有害人的意图"——她对于希特勒的种族灭绝计划一无所知——她不知道那些从集中营里找来为她的影片充当临时演员的吉卜赛人后来都被杀死在集中营里……

评价一个艺术家，我们不能以政治正确与否为标准，但诚实与否却是重要的标准。对自己所处的时代是否诚实，对个人所闻所见的现实生活是否诚实，对个人内心的知觉和感受是否诚实，亦即对自己所从事的艺术是否诚实。巴尔扎克是保王党人，宣称自己"在宗教和君主制这两种永恒真理的照耀之下写作"，然而，事实上，他忠实于现实生活和个人感受远胜于"永恒真理"，因之他成就了超越政治理念的伟大艺术。瑞芬斯塔尔的悲剧不在于她政治幼稚，而在于她对置身其中的现实生活缺乏诚实，以致纳粹党的意识可以完全覆盖掉个人的感知。

据说瑞芬斯塔尔也曾推拒过希特勒的邀请，想撇弃那个纳粹党的宣传大片而飞往国外去拍自己的电影，但元首的青睐毕竟太荣耀了，这种权力的恩宠，很少有人可以抗拒。单个人——尤其是渴望荣耀的文化人——的内心里总是弱的，而国家权力却是那么强有力。人总需要为自己寻找某种外力的支撑，亲人，友人，同道人或资助救助人，但毫无疑问，国家权力却是最强大的支撑。何况在一个极权国家里，在一个垂爱艺术的极权者面前。极权国家端给瑞芬斯塔尔的馅饼太诱人了——无限制的经费，数目庞大且任凭调遣的机器和人员，无与伦比的盛大而壮阔的场景，划时代的历史瞬间……还有依傍在国家权力之上的荣耀。许多艺术家把自己卖得太贱，而瑞芬斯塔尔是骄傲的，志在高远，她换得的是多少人梦寐以求的价钱。

或者我们不说买卖，我们可以把这说成一种信仰，信仰可能会使事情变得干净一点，但瑞芬斯塔尔自己反对信仰的解释，她甚至不是纳粹党员，而且否认自己是纳粹的支持者。但信仰也罢，既得利益也罢，都是一副滤光镜，必然要滤掉现实生活中的很多东西，也就是滤掉那些与信仰或既得利益不吻合的东西。这滤光镜随时控制和修正你的视线，决定你看见什么，看不见什么，对什么东西进行放大、渲染，又对什么东西缩小、省略、视而不见。

我们可以相信瑞芬斯塔尔不知道希特勒的种族灭绝计划，不知道她的临时演员们怎样从集中营被拉来，又怎样在集中营被杀死，我们可以相信这些丑陋的事情离一个艺术家的生活很远。但另一些事情却必然是靠得太近的。我们不能相信瑞芬斯塔尔不知道那场轰轰烈烈的焚书运动，不知道一批又一批同行的作品被无理查禁，不知道每日里有多少艺术家和文化人（其中自然有她熟识或知晓的）在逃亡，被逐，被捕，或者失踪，不知道那些褐衫党徒遍布每一条大街小巷的暴行……如果她的确不知道，人们便有权责问是什么导致了她的无知，她也必须为自己的无知承担责任，因为她不是沉默的羔羊，她是言说者。一个用艺术言说现实的人，有义务了解自己所置身的社会的基本事实。作为对照的是，德国当年的许多艺术家和文化人了解他们的社会现实，他们或者逃亡，或者抗议，或者沉默，他们对自己的所见所感保持诚实。作家恩斯特·维歇特 1933 年就在国内发表文章说道："你们没有看到，我们这儿，在吵吵嚷嚷的喧嚣声中有多少人沉默不语吗？有多少人不想打开报纸吗？因为歌功颂德、奴颜婢膝的嗥叫使他们感到讨厌。又有多少人让收音机积满灰尘，因为播音员假惺惺的声音使他们感到讨厌。”并不是像瑞芬斯塔尔所说的那时候这样子很正常，有多少人是知道的，可惜的是，天生应有敏锐直觉的艺术家瑞芬斯塔尔不知道。

那么瑞芬斯塔尔知道的、看见的是些什么？据她自己所说，1931 年她第一次听到希特勒的演讲，便觉轰然洞开，“我眼前一亮，如同神谕出现，永生难忘，就像大地在我眼前无尽地展开，并突然从中间裂开两半，喷射出巨大的水柱，直冲云霄，震颤大地。当时，我似乎瘫痪了。”这自述可以成为弗洛伊德的材料，但这里宁可不请弗洛伊德。一位女性艺术家，并不比男性暧昧一点或欠缺一点，仅以信仰和理念作为她的注解同样够用。我们所能确定的是，自此瑞芬斯塔尔服膺于一个信仰，如同受洗而成为忠实的教徒。任何信仰都是排他的，它摈除一切与其相左的观念，也摈除一切可能的疑念。任何信仰都是闭合的，它设置有墙、壁画、彩窗，以及庄严的大门，它提供有纯净富足的景观，引领你的视线，阻隔开外面那些扰乱人心的情景。

希特勒为与其合作的艺术家建造了一个美丽的花园，那里有优渥的工作和生活条件，有令人感戴的恩宠，有诱人迷醉的特权。这位懂艺术的领袖，向花园频频播撒阳光，源源输送温暖。那些宠物一样被圈养在花园里的艺术家们，所看见的就是太平盛世，繁花似锦，而看不见外面的惨苦和暴行，即使偶尔看见了，他们也会像掸掉礼服上的灰尘一样把它轻轻掸去，甚或用他们艺术的花朵去修饰暴行。瑞芬斯塔尔说：“我关注优秀和美好总是多于丑陋和疾病。”但与其说这是天性乐观如此训练了她的眼睛，不如说是她享有的优渥如此训练了她的眼睛。

于是，她看见的悉数是美：纳粹党的节日盛况空前的美，整饬而壮阔的美，意志的美，秩序的美，号令与服从的美，德国青年被一个政治理想照耀得意气风发的美，领袖神话的美，极权统治下一个民族正在振兴的美，奥林匹亚力量的美，人体健硕的美，仪式繁丽的美，国家社会主义的美，旗帜和使命的美，整个德意志民族万众一心、雄视天下、让全世界侧目惊叹的美……她通过她的镜头，极尽所能渲染和放大这些美。

瑞芬斯塔尔可以说，她拍的是纪录片，镜头中的种种都是真实的。但与此同时，宪法中保障个人和公民自由的条款被勾销；议会民主制度被踏平；

报刊电台接连被封禁；成千上万反对党、教士、工会会员、异见者被追杀逮捕；冲锋队横冲直撞，破门而入，任意抓人、打人、杀人；国家鼓动精神上和肉体上的恐怖，以教育和驯服它的国民；直至对犹太人及所有“劣等种族”的人解除公职，剥夺财产，关入集中营，百般施虐使他们尽失人形，最终如牲口一样被一列车一列车送进毒气室和焚尸炉里……这一切“丑陋和疾病”也是真实的。

一个伟大的艺术家以自由为第一生命，他的眼睛和心灵都是不受羁勒的，他必须争夺在大地上自由行走的权利，没有人能遮蔽只属于他个人的、具有穿透力的眼睛。但瑞芬斯塔尔并不要这样的自由，她宁愿选取纳粹党和法西斯国家要求她选取的景色，这样，她就蒙上了自己的眼睛而代之以统治者的眼睛，她就放弃了一个艺术家的生命，而沦为一个宣传员，只不过她制作的宣传品有更厚的艺术躯壳而已。宣传员与艺术家的区别在于，他不需要自由而只需要追随，他不需要怀疑而只需要迷信，他不需要穿透力而只需要煽动力，他不是独立的个人，而是某群体里的一个工具。

《意志的胜利》固然是法西斯的宣传品，《奥林匹亚》同样也是。在一个极权国家里，任何与国家相关的事情，都是与极权政治相关的事情。在希特勒的统治下，奥运会就不可能是一个单纯的体育事件，它就是一个政治橱窗，恰逢其时地向全世界展示纳粹德国的力量。在这里，单纯的、不带极权政治色彩的德意志民族并不存在，所谓的民族感情，只要取合作趋向，都将被巨大的政治力量席卷，合流为极权国家感情。这既不是民族的节日，更不是“各民族的节日”，而是纳粹主义的节日。从这个节日里获益最丰的，不是毫无政治权利可言的德国人民，而是将整个民族操控于掌心的纳粹党人。更何况瑞芬斯塔尔的这部巨型作品，还是元首生日的献礼片呢？

后世的一些电影艺术家为瑞芬斯塔尔影片的宏大叙事叹服，将之归结为瑞芬斯塔尔的特异才具，感慨于无人能及。但他们忽略了另一个事实。瑞芬斯塔尔的宏大叙事之下，是纳粹的组织力量，只有一个达到极致的极权机器，可以如此恣肆地运动整一个国家，如此随心所欲地调度它役使之下的人民，奇迹般制造出它乐于制造的场景。与一个极权国家相比，民主政体的国家机器是弱的；与国家机器相比，个人的力量更弱。一个独立的艺术家，不可能造出极权国家机器所制造的奇迹，也没有理由钦羡那奇迹。瑞芬斯塔尔的脚下，是垫了极权国家的强硬基石。她的宏大叙事，是凭借煊赫一时的法西斯主义和第三帝国的权力所达至的。获奖能说明什么呢？这不是一个独立的艺术家获奖，而是第三帝国获奖，瑞芬斯塔尔不过是头顶艺术家的花冠，代表纳粹的意识形态和美学理想，代表一种权力的艺术，站在台前。

瑞芬斯塔尔后来说："我拍摄这些电影并没有什么政治原因。"这辩解当然是不诚实的。作为一个艺术家，她应该感到羞愧，艺术家必备的敏感没有帮助她识破谎言，却帮助了她制造谎言。与一般的纳粹支持者不同，瑞芬斯塔尔的宣传才能太出色了，因之她的罪孽也太出色了。这既是一道耀眼的光焰，也是一道耻辱的绳索，一路缠绕着她，直到她的百年。

追随纳粹主义的人今天还有，学步瑞芬斯塔尔的人自然也有，我们无权焚毁他们，但把他们认出来，与艺术作一区分，却是必要的。

赏读

莱妮·瑞芬斯塔尔是希特勒时期德国的女导演，也是舞蹈家、电影演员、导演、制片人、摄影家、作家，是多才多艺的传奇女性，富有公认的天赋和才华。她被希特勒称为"德国最完美的女人"，也被批评为"希特勒的御用导演"。

筱敏的文章《诚实与否，这是一个问题》把这个人物再度提到世人面前。文章由莱妮·瑞芬斯塔尔的去世引出话题，追忆了莱妮·瑞芬斯塔尔在纳粹时代的辉煌过往，对其争议的人生进行反思和分析，揭示文章主题："我们不能以政治正确与否为标准，但诚实与否却是重要的标准。"后半部分深入诘难剖析，指出莱妮·瑞芬斯塔尔的追求非关利益、信仰，更非所谓的无知，只是关乎艺术家的"诚实"，丧失了艺术家的"真诚"，也就失去了艺术家的眼睛，对于时代和社会的灾难就是熟视无睹。"她就放弃了一个艺术家的生命，而沦为一个宣传员"，导致了她的耻辱过去和悲剧人生。

对于这样一个忠实于纳粹极权政治的艺术家，作者从根本上给予了否定。唯一但也是无可置疑的原因，作为艺术家缺乏诚实，那只能是伪艺术。文章把诚实看作是艺术发生的起点，如果要创造真正的艺术，艺术家必须是诚实的。"对自己所处的时代是否诚实，对个人所闻所见的现实生活是否诚实，对个人内心的知觉和感受是否诚实，亦即对自己所从事的艺术是否诚实。"

莱妮·瑞芬斯塔尔的悲剧，就在于她对于她所处的时代、现实生活、个人感受都缺乏诚实。艺术家只有忠实于时代社会、现实生活、个人感受，才能创造出真正的艺术。筱敏列举的巴尔扎克就是如此。作为保王党人，他宣称自己“在宗教和君主制这两种永恒真理的照耀之下写作”；但是作为艺术家，他又忠实于现实生活和个人感受，所以他成就了伟大艺术。

艺术家作为言说者，应该有良心和责任，诚实地正视所处的时代和现实，莱妮·瑞芬斯塔尔对于集权制造的一切时代和社会的灾难熟视无睹、充耳不闻，就是丧失了一个艺术家的真诚，她的艺术就是愚弄和欺骗。她制造的那些视觉盛宴，是对于时代和社会片面的、扭曲的传达。她的艺术只是一种权力的艺术。

缺乏真诚，一个艺术家沦为一个宣传员，只不过她制作的宣传品有更厚的艺术躯壳而已。正如文中所言，“宣传员与艺术家的区别在于，他不需要自由而只需要追随，他不需要怀疑而只需要迷信，他不需要穿透力而只需要煽动力，他不是独立的个人，而是某群体里的一个工具”。

作为艺术家，莱妮·瑞芬斯塔尔的不诚实不仅表现在对于时代和社会的不诚实，而且还表现在第二次世界大战后对这一段历史的辩解和否认，她依然缺乏真诚。

筱敏是一位富于思辨品质的女作家，她孤独地跋涉在思想丛林中，在女性作家中实属凤毛麟角。20 世纪 90 年代以后，筱敏发表了一系列以知识分子为题材的散文，表达了她对人类精神和历史的探索，诸如关于法国大革命、俄罗斯精神、德国法西斯等，文章通过追忆、反思、剖析、评判，钩沉历史，探索思想，鞭挞罪恶，讴歌正义。本文正是这样一篇反思剖析法西斯阴影的作品，表达了她对理想主义和人文主义的执着与坚守。

筱敏的散文不仅有深刻的思想洞见，而且其散文语言结实饱满，既清晰准确，又兼具诗语言的质地和色泽，优美凝练。字里行间，情感激越充沛，富于灵性和生机。

作品

对自己诚实一点①

毕淑敏

当你企图在两个不同的自我之间游走时，你在生活中的形象就变得复杂混乱，你面临的形式也更加琢磨不透，甚至你的身体也无所适从了。

我们总是希图表现的比我们实际的情况要好一些。

好比我们小的时候，如果有客人要来，我们会被父母要求：“你要乖一些啊！”等客人走了，父母会说：“好了，现在你可以放松一下了。”这些都是很平常的话，却在不知不觉中给我们留存了一个印象——你要在某些特殊的场合和任务面前，努力的表现得比你实际拥有的状况更好。

什么是更好呢？

就是按照世俗的标准，我们要更聪明、更好学、更勤劳、更大度、更幽默、更有责任感、更勇敢、更……还可以举出更多的“更”。总之，是比你本人更完美。

这个主观动机可能并不是太坏。爱美之心，人皆有之嘛！

不过，这就形成了一个习惯。我们把一个不真实的自我呈现在别人面前，并认为这才是可爱的，才是有价值的。而那个真实的自我，则是上不得台面的残次品，是应该被掩藏和遮盖的。

---

① 选自《北方人》（2014 年 11 期），有改动。毕淑敏，1952 年生于新疆伊宁，著有《红处方》《血玲珑》等。

这就是自我形象的分裂。我们不喜欢真实的自我，我们把一个乔装打扮的“假我”拿给大家看。当这个“假我”被人欢迎和夸赞的时候，我们一方面沾沾自喜，觉得自己成功地扮演了一个角色，而这个角色就是别人眼中的“我”。另外一方面，我们的自卑加重了，我们知道外界的评价都是给予那个不存在的“我”，真实的我反倒像灰姑娘一样，躲在角落里捡煤渣。

长久下去，我们就变成了一个分裂的人。

这种现象，比比皆是。比如我们常常听到女性朋友说，结婚以后，他的真面目暴露出来了，我几乎不敢相信他和结婚前是同一个人。

也有的领导会说，这个人是我招聘的，当时看他非常勤快，想不到真的走上岗位以后，却非常懒惰，毫无工作的主动性。

以上这两个例子，最后是以离婚和炒鱿鱼作结。可见，伪装的自我，可以骗人一时，却不能矫饰久远，最后吃亏的还是你。

如果你觉得真实的自我还不够完善，那么最好的方法，是让自己渐渐变得完善起来，而不是敷衍、遮盖或欺骗。那样的话，自己很辛苦不说，离完美是越来越远。再有，天下的人都不是傻子，你装得了一时三刻，却没有法子永远生活在一个不属于你的光环中。一旦被人家识破，你被减分更多。

我年轻的时候，心其实很累。因为总想表现得比自己真实的状态更好一些，便不由自主地要作假。明明不快乐，怕被人看出，以为是思想问题，就表现出欢天喜地的兴奋。对领导有意见，怕领导对自己看法不良，影响进步，就故意在领导面前格外卖力地工作。其实，那彼此的不融洽，大家心知肚明。在会议上有不同意见，因为判断出自己是少数，就放弃主见随大流，默不作声……凡此种种，以为是老练的举措，都让我做人辛苦，不胜其烦。

后来，终于明白了，要以自己的真实面目示人。没有必要取悦他人，没有必要委屈自己。这样做了以后，我本以为机会一定要少很多，因为抱定了破釜沉舟的决心，只求这一生做一个真实的自我，付出代价也认了。不想，却多了朋友，多了机缘。

思来想去，原来大家都更喜欢真实的东西。你真实了，自己安全了，也让他人觉得安全，机遇反倒萌生。从此，竭力真实。不但自己省力、省心，节省出的能量可以做更多的事情，而且成功的概率也高了起来。

赏读

毕淑敏的文章《对自己诚实一点》指出了我们人生的一种状况：两个自我，一个自我在别人面前戴着假面具，“装”好、“装”美、“装”大，“装”出一个理想的“我”，受到周围的夸奖和羡慕；另一个真实的自我却被遮盖起来，藏匿起来，在黑暗中自卑。这种人生不胜辛苦，长久下来会使我们人格分裂，无助于人生的进步，适得其反。

文章一开始提出了这种形象分裂的现象及其原因，然后列举一个人婚前、婚后的判若两人，一个人被聘后露出了狐狸尾巴，自己年轻时候违心地装乖装老实等实例，说明这种“装”为害无穷，必须破釜沉舟，做个真实的自我，才能赢得机会，获得幸福。

其实我们每个人在成长过程中，都在某种场合“装”过，甚至成年人也免不了“装”一下，出发点是呈现一个更理想的自我。但是在“装”的过程中，总有尴尬和分裂的痛楚。面对社会和人群，我们会陷入进退失据的应对误区。

所以，文章提醒我们，对自己诚实一点，勇敢面对现实，勇敢坦白自我，才能内心坦然、健康自在；努力完善自己，摒弃“装模作样”，说不定就会有好机遇等着你。

毕淑敏身兼医生、心理咨询师、作家等数职，被王蒙称作“文学界的白衣天使”（《光明日报》2011 年 11 月 20 日 05 版）。她以清澈的医心，抓住了人性中习焉不察的小心病，开出了药方——“诚实一点”，即面对自我、呈现自我、完善自我。

对于刚刚面对社会、走向社会的青年人，毕淑敏指出了自我与社会相处的人格健康之路，也指出了与自我相处的心理健康之路，即接纳自己、修炼自己、勇于表达自己。

毕淑敏的文章饱含睿智温情，亲切质朴、真诚可信，充满健康温暖的仁爱质地。它没有大道理的教化，只有心灵平和的建议和分享：提醒我们怎样拥有幸福以及如何与世界相处。在浮躁喧嚣的社会里，它如同清泉渗入人心，给惶惶然的心灵以力量、安定和慰藉。

毕淑敏善于在小事中发现心灵的话题，使读者获悟独特感受，仿佛和良朋益友做亲切的对话交流，从琐碎而平凡的人性龃龉出发，解开心结，遇见生命的辽阔。

作品

陈忠实为我们改稿①

韩小蕙

陈忠实老师遽然离去，文坛内外一片哀悼之声。有说《白鹿原》乃中国当代文学的扛鼎之作，有赞忠实老师为人品格高尚，有痛哭中国从此失去一位真正的作家……说句也许并不夸张的话，在中国，没有不知道陈忠实的；即或不知道陈忠实，也都知道《白鹿原》。

一个作家活到这份儿上，真让人敬仰——陈忠实老师给“作家”这称号，挣来了多么大的荣誉啊！

我始终忘不了陈忠实老师的一件小事：

2012 年，电影《白鹿原》制作完成，但还未最后“定稿”，我有幸先睹为快，陈忠实老师亦在场。我被其中“老腔”那一段戏震撼得目瞪口呆，乡野艺术家们那种呼天抢地的表达，哪儿是在表演，分明是把自己的性命都押上去了！一连多日，那几位农民艺术家的喷血似的啸喊，一直在我心头激荡着，让我反复品咂着秦陕农民深重的内心。与忠实老师言之，他说电影里的那几位艺术家，就是来自乡下的原生态演员，他们的祖祖辈辈，就是那么壮怀激烈地演过来的！

我就求忠实老师了：给我们光明日报文荟副刊写一篇老腔吧？多长、多短都行，您写多少，我们发多少。我绝不催您，

① 选自《光明日报》（2016 年 5 月 13 日）。韩小蕙，1954 年生，北京人。

何时写来何时发，保证给以最壮美的版面。忠实老师略一沉吟，答应了。

君子一诺。稿子很快就写来了。忠实老师不用电脑，是用钢笔写在18页白纸上的。整整齐齐的字里行间，显示出大作家陈忠实对文字的尊崇与珍重。文章的题目干脆利落，就叫“我看老腔”，5 000多字，讲述了他3年前初识华阴老腔，受到震撼，之后把这关中珍宝介绍到北京人艺，目睹它登上北京中山音乐堂的舞台并受到爆炸性欢迎的故事。文章写得非常好，是用优美的散文语言表达出来的，流畅圆润，生动好读，极具感染力。大师就是大师，出手就能平地惊雷，我很兴奋，在骄傲于我职业成就的同时，也很感谢忠实老师能这么认真地对待我的约稿。

然而，在准备刊发的时候，我竟有些踟蹰了：说实在的，我很想请忠实老师再增添一部分内容，即他自己作为一个乡党一个普通观众，看着农民艺术家们那充满泥土味儿的最本色的表演，他的现场感受是什么？最好能再增加一些文字，形成一个相对更加强大的气场，取得更壮观的效果！

但我真的很迟疑，不太敢说出口。这真是有点非分的要求了——你想，陈忠实老师何许人也？乃中国文坛巨擘，已然这么呕心沥血地给你写了，你若再提要求，不是冒犯吗？一连好几天，我都很纠结，还跟年轻编辑赵玙商量此事，玙也认为我的想法很好。作为一个职业编辑，我是属于呕心沥血编副刊的那种愚人，虽然在别人眼中，这些不当吃、不当喝、不当升官发财的报纸版面没什么用，简直就是太无足轻重了；可我这种但求百分之百而不放过的完美主义性格，也确实屡屡害苦了我，并让这件事成为我心中过不去的坎儿。

最终，导致我下决心拿起电话的是我想起了一件事：20世纪90年代《白鹿原》出版后，陈忠实老师看到人民文学出版社的工作条件很差，就自掏腰包两万元，为改善编辑们的工作条件尽了一点绵薄之力，当时的两万元可是一笔极大的数目！后来到了2012年5月，他又自己掏出几十万元，与《白鹿原》的三位责编之一、《当代》原主编何启治先生商量设立“文学编辑奖”之事。面对偌大的数目，何启治建议将该奖项命名为“陈忠实当代文学编辑奖”，忠实老师坚决不同意，执意改为“白鹿当代文学编辑奖”。（笔者注：2013年3月20日，已经很少参加会议的陈忠实老师专程亲赴北京出席了颁奖典礼，不但对《白鹿原》的另外两位责编——已故的高贤君，还有刘会军进行了表彰和奖励，还予编辑出版了其他好书的几十位编辑进行了奖励。）作家自掏腰包为编辑设奖，这在中国文坛尚属首次，不仅对于贫瘠的陕西作家来说是一个感人的壮举，就是对全国其他富庶地区的特别有钱的作家来说也闻所未闻。当时这件事在全国文坛，特别是在陕西作家圈里掀起了大波澜，也许是因为陕西太穷了，一直传说陕西文人“啬皮”（吝啬），只会往家里进而绝难往外掏。陈忠实老师真是太大气豪“奢”了！

与我想象的完全一样，忠实老师在平静地接听完我的电话之后，以他那高尚人格所凝练出来的高贵，一字一句认真地说：“好，那我就再给你补充上这么一段。”

我当时鼻子都酸了，一如我现在写下这一段回忆文字，鼻子又发酸、眼睛又潮热了一样。

几天后，我收到了忠实老师的传真。同样是白纸，2 页，依然是整整齐齐的，字里行间显示出大作家陈忠实对文字的尊崇与珍重：“我在这腔调里沉迷且陷入遐想，这是发自雄浑的关中大地深处的声响，抑或是渭水波浪的涛声，也像是骤雨拍击无边秋禾的啸响，亦不无知时节的好雨润泽秦川初春返青麦苗的细近于无的柔声，甚至让我想到柴烟弥漫的村巷里牛哞马叫的声音……”嘿，多么形象，多么精美，多么棒的文字！

我们立即以最尊崇与珍重的态度，做出了有文字、有图片、有色彩、有温度，甚至能传出雄浑苍凉声音的一个整版。我和赵玙商量着把题目改成“白鹿原上奏响一支老腔”，又打电话征求了忠实老师的同意。刊发的时间是 2012 年 8 月 3 日，光明日报 13 版，这是一个彩版，配上了演出图片、油画，还有呈现出浓郁地方色彩的皮影，报社最优秀的美编杨震反反复复设计了数遍，直到我们满意为止。此版乃是我 32 年编辑生涯中，所做出的最有光彩、最堪骄傲、最刻骨铭心的几个版面之一，文学编辑当到这份儿上，值了！

由此，我老是愿意把这段佳话讲给年轻编辑们听，也不厌其烦地讲给文坛朋友们。我每每感慨托尔斯泰的那段名言：“一个人就好像是一个分数，他的实际才能好比分子，他对自己的估计好比分母，分母越大则分数的值越小。”在文坛、在作家群、在读者的汪洋大海中，为什么陈忠实的名字是一座大山？不朽的《白鹿原》是一方面，更重要的，恐怕就是忠实老师“高者出苍天”的人品：他永远是善良的、谦和的、低调的，认真地对待每一位作家和每一位普通读者。他真诚地体悟每一个个体生命，哪怕是最微不足道的老农和他们的婆姨。他知晓生命的意义，真正领悟了“人”字后面所深蕴的无垠与无限。他的写作，就是要把这“人”字大写出来，写出人内心最深处的悸动，写出人类内心最本质的跳动。他老老实实地写，老老实实地做人。在他身上，集中了秦人，也即中国人最有代表性的优点：对自己，老实、本分、刻苦、舍命、少言多做、克勤克俭，苦一辈子都觉得是理所当然；对别人，忠厚、诚恳、平和、谦逊，永远先为别人着想，能帮一把就绝不推辞，奉献一辈子亦觉得是理所当然——这两个“理所当然”，架起了“陈忠实”这座巍巍高山！

犹记得当初打电话给忠实老师时，我叫了一声“忠实老师”。他迟疑了一下，用他那浓重的陕西腔反问：“小蕙，你叫俄（我）啥？”我以为自己说错什么话了，期期艾艾地说：“忠实老师，怎么了？”这回他听清了，马上说：“呀，你咋能这样叫，可不敢呢！”大哉陈忠实老师，原来他在自己的心目中，就是这样给自己定位的！

我不知说什么好。想起20世纪七八十年代，我自己刚步入文学之路时，前辈们曾一再地教诲“作文先做人”。现在，却很少有人再提到这句话了，也许是怕被年轻人嘲讽为“过时”？然而，真理就是真理，经典就是经典，楷模就是楷模。人间大美，天地同辉，作家当如陈忠实！做人当如陈忠实！

赏读

陈忠实先生是当代著名作家，与路遥、贾平凹被誉为文学陕军的“三巨擘”，20世纪90年代创作了长篇史诗巨著《白鹿原》，1997年获茅盾文学奖。之后《白鹿原》被改编成电影、电视剧、话剧、舞剧等多种艺术形式。

来自渭河边黄土地的陈忠实先生，以为人厚道真诚享誉文坛。在他2016年去世之后，许多朋友著文回忆和纪念忠实先生，都一致感念忠实先生谦逊低调、质朴无华、真诚厚道的人格形象。一位与陈先生曾经谋面的网友叙述：“陈先生面对我们这些晚辈的态度，已经不能说是‘客气’，简直可以说是‘诚惶诚恐’。这与修养礼节都无关，他是发自内心地见不得小辈们为他忙前跑后。”“不是有没有架子的问题，而是根本不知道架子为何物。”

散文作家韩小蕙，曾是光明日报文化副刊编辑，2012年于《光明日报》刊发陈忠实散文《白鹿原上奏响一支老腔》。陈忠实先生去世后，韩小蕙满怀敬仰地写了《陈忠实为我们改稿》，回忆这次约稿和改稿的感人经过。

当时忠实先生作为文坛大家，且年届七十，对于一个编辑的求稿，一诺千金，庄重送来大作，并在编辑提出补写要求时，丝毫不以为忤，又交来补写稿。

文章里有好几处细节叙述，如忠实先生寄来的稿件是“用钢笔写在18页白纸上”，清晰整齐，虽然是落伍于时代的书写方式，但表现了忠实先生庄重虔敬的为文态度和真挚诚恳的做人礼节。而在第二次求补写稿之前，编辑忐忑不安，感觉冒犯，难以出口，忠实先生却欣然答应，庄重然诺，以编辑阅作家无数的经验，这种大作家如此低调谦逊厚道，真是太稀罕了，所以使编辑铭感于心。因为忠实先生的这种真诚低调质朴无华的无私献稿，激发了编辑同仁们，“我们立即以最尊崇与珍重的态度，做出了有文字、有图片、有色彩、有温度，甚至能传出雄浑苍凉声音的一个整版”“此版乃是我32年编辑生涯中，所做出的最有光彩、最堪骄傲、最刻骨铭心的几个版面之一”。这是人格的感召！文中细节还提到，忠实先生低调质朴到甚至编辑叫他“老师”，都觉得当不起，这与目前社会各界“老师”遍地的可笑世相形成强烈的对比和讽刺。

文章还穿插了陈忠实先生两次解囊捐金，为编辑慷慨设奖的往事，这在当时的中国文坛是独一无二的，作为“老陕”的忠实先生行事如此“大气豪奢”，令人感佩，深刻体现了他“高山”“苍天”般的崇高人格。

文章借助托尔斯泰的名言“一个人就好像是一个分数，他的实际才能好比分子，他对自己的估计好比分母，分母越大则分数的值越小”来褒赞陈忠实先生。忠实先生文耀天下，文学成就那么大，对于自己的估计却是那么微不足道，所以他这个人的分数值自然越来越大，成就一座“大山”。此外，成就这座大山的，更重要的是忠实先生的人品，“在他身上，集中了秦人，也即中国人最有代表性的优点：对自己，老实、本分、刻苦、舍命、少言多做、克勤克俭，苦一辈子都觉得是理所当然；对别人，忠厚、诚恳、平和、谦逊，永远先为别人着想，能帮一把就绝不推辞，奉献一辈子亦觉得是理所当然——这两个‘理所当然’，架起了‘陈忠实’这座巍巍高山！”

对己和对人两个“理所当然”，令人感喟，令人深思！在周围遍地以自我中心，遍地利己主义者的汪洋大海中，忠实先生的做人罕有其匹，堪为标杆。

忠实先生人格和文格并重，他的人格是他书写的另一部大书，和他的巨著一样是“人间大美，天地同辉”。

作为一篇回忆散文，作者的叙述中感情真挚强烈，字里行间流淌着对忠实先生的无比敬仰和深切怀念之情；议论处高屋建瓴，评价中的，见解深刻。文章最后立意深沉，提到了“作文先做人”这个“过时”却又“应时”的命题，给文坛以警醒，给世人以启示。

陕西老腔有“原始说唱”之别称，古朴本真、高亢铿锵、雄浑悲壮、震撼人心，忠实先生通过《白鹿原上奏响一支老腔》，表达了自己对于这种民间艺术的激赏。其实这位渭河黄土地上走出来的大作家的为人与为文，就像他笔下的“老腔”一样，之所以能“撼人胸腑”，都是因为有一种和土地相连的本真和实诚。

作品

傅雷家书（节选）①

傅　雷

五月十一日

总结起来，你现在的确非立刻彻底改 technic［技巧］不可，但不一定非上苏联不可。将来倒是为了音乐，需要在苏逗留一个时期。再者，人事问题到处都有，无论哪个国家，哪个名教授，到了一个时期，你也会觉得需要更换，更换的时节一定也有许多人事上及感情上的难处。

假定杰老师下学期调华沙是绝对肯定的，那么你调换老师很容易解决。我可以写信给他，说“我的意思你留在克拉可夫比较环境安静，在华沙因为中国代表团来往很多，其他方面应酬也多，对学习不大相宜，所以总不能跟你转往华沙，觉得很遗憾，但对你过去的苦心指导，我和聪都是十二分感激”等等。（目前我听你的话，决不写信给他，你放心。）

假定杰老师调任华沙的事，可能不十分肯定，那么先要知道杰老师和 Sztomka［斯托姆卡］感情如何。若他们不像 Levy［莱维］与 Long［朗］［莱维，即恩斯特·莱维（Ernst Levy），瑞士作曲家、钢琴察和作家。朗，即玛格丽特·朗（Marguevite Long），法国钢琴家］那

① 选自《傅雷家书》（辽宁教育出版社 2004 年版），有改动。傅雷（1908—1966），上海南汇人，20 世纪法国文学翻译家、文艺评论家、美术评论家。傅雷翻译了三十多部世界名著，尤其在翻译巴尔扎克作品方面成就卓著。

样的对立，那么你可否很坦白、很诚恳的，直接向杰老师说明，大意如下：

“您过去对我的帮助，我终生不能忘记。您对古典及近代作品的理解，我尤其佩服得不得了。本来我很想跟您在这方面多多学习，无奈我在长时期的、一再的反省之下，觉得目前最急切的是要彻底的改一改我的 technic［技巧］，我的手始终没有放松；而我深切的体会到方法不改将来很难有真正的进步；而我的年龄已经在音乐技巧上到了一个 critical age［要紧关头］，再不打好基础，就要来不及了，所以我想暂时跟斯托姆卡先生把手的问题彻底解决。希望老师谅解，我决不是忘恩负义（ungrateful）；我的确很真诚的感谢您，以后还要回到您那儿请您指导的。”我认为一个人只要真诚，总能打动人的；即使人家一时不了解，日后仍会了解的。我这个提议，你觉得如何？因为我一生做事，总是第一坦白，第二坦白，第三还是坦白。绕圈子，躲躲闪闪，反易叫人疑心；你耍手段，倒不如光明正大，实话实说，只要态度诚恳、谦卑、恭敬，无论如何人家不会对你怎么的。我的经验，和一个爱弄手段的人打交道，永远以自己的本来面目对付，他也不会用手段对付你，倒反看重你的。你不要害怕，不要羞怯，不要不好意思；但话一定要说得真诚老实。既然这是你一生的关键，就得拿出勇气来面对事实，用最光明正大的态度来应付，无须那些不必要的顾虑，而不说真话！就是在实际做的时候，要注意措辞及步骤。只要你的感情是真实的，别人一定会感觉到，不会误解的。你当然应该向杰老师表示你的确很留恋他，而且有“鱼与熊掌不可得而兼”的遗憾。即使杰老师下期一定调任，最好你也现在就和他说明，因为至少六月份一个月你还可以和斯托姆卡学 technic［技巧］，一个月，在你是有很大出入的！

以上的话，希望你静静的想一想，多想几回。

另外你也可向 Ewa［埃娃］太太（波兰文化部的负责官员）讨主意，你把实在的苦衷跟她谈一谈，征求她的意见，把你直接向杰老师说明的办法问问她。

最后，倘若你仔细考虑之后，觉得非转苏学习不能解决问题，那么只要我们的政府答应（只要政府认为在中波邦交上无影响），我也并不反对。

你考虑这许多细节的时候，必须心平气和，精神上很镇静，切勿烦躁，也切勿焦急。有问题终得想法解决，不要怕用脑筋。我历次给你写信，总是非常冷静、非常客观的。惟有冷静与客观，终能想出最好的办法。

对外国朋友固然要客气，也要阔气，但必须有分寸。像西卜太太之流，到处都有，你得提防。巴尔扎克小说中人物，不是虚造的。人的心理是：难得收到的礼，是看重的，常常得到的不但不看重，反而认为是应享的权利，临了非但不感激，倒容易生怨望。所以我特别要嘱咐你"有分寸"！

……

五月二日来信使我很难受。好孩子，不用焦心，我决不会怨你的，要说你不配做我的儿子，那我更不配做你父亲了。只要我能帮助你一些，我就得了最大的酬报。我真是要拿我所有的知识、经验、心血，尽量给你做养料，只要你把我每封信多看几遍，好好的思索几回，竭力吸收，"身体力行"的实践，我就快乐得难以形容了。

我又细细想了想杰老师的问题，觉得无论如何，还是你自己和他谈为妙。他年纪这么大，人生经验这么丰富，一定会谅解你的。倒是绕圈子，不坦白，反而令人不快。西洋人一般的都喜欢直爽。但你一定要切实表示对他的感激，并且声明以后还是要回去向他学习的。

这件事望随时来信商讨，能早一天解决，你的技巧就可早一天彻底改造。关于一面改技巧、一面练曲子的冲突，你想过没有？如何解决？恐怕也得向 Sztomka［斯托姆卡］先生请教请教，先做准备为妥。

二月二十九日夜/三月一日晨

亲爱的孩子：昨天整理你的信，又有些感想。

关于莫扎特的话，例如说他天真、可爱、清新等等，似乎很多人懂得；但弹起来还是没有那天真、可爱、清新的味儿。这道理，我觉得是"理性认识"与"感情深入"的分别。感性认识固然是初步印象，是大概的认识；理性认识是深入一步，了解到本质。但是艺术的领会，还不能以此为限。必须再深入进去，把理性所认识的，用心灵去体会，才能使原作者的悲欢喜怒化为你自己的悲欢喜怒，使原作者每一根神经的震颤都在你的神经上引起反响。否则即使道理说了一大堆，仍然是隔了一层。一般艺术家的偏于 intellectual［理智］，偏于 cold［冷静］，就因为他们停留在理性认识的阶段上。

比如你自己，过去你未尝不知道莫扎特的特色，但你对他并没发生真正的共鸣；感之不深，自然爱之不切了；爱之不切，弹出来当然也不够味儿；

而越是不够味儿，越是引不起你兴趣。如此循环下去，你对一个作家当然无从深入。

这一回可不然，你的确和莫扎特起了共鸣，你的脉搏跟他的脉搏一致了，你的心跳和他的同一节奏了；你活在他的身上，他也活在你身上；你自己与他的共同点被你找出来了，抓住了，所以你才会这样欣赏他，理解他。

由此得到一个结论：艺术不但不能限于感性认识，还不能限于理性认识，必须要进行第三步的感情深入。换言之，艺术家最需要的，除了理智以外，还有一个“爱”字！所谓赤子之心，不但指纯洁无邪，指清新，而且还指爱！法文里有句话叫做“伟大的心”，意思就是“爱”。这“伟大的心”几个字，真有意义。而且这个爱绝不是庸俗的、婆婆妈妈的感情，而是热烈的、真诚的、洁白的、高尚的、如火如荼的、忘我的爱。

从这个理论出发，许多人弹不好东西的原因都可以明白了。光有理性而没有感情，固然不能表达音乐；有了一般的感情而不是那种火热的同时又是高尚、精练的感情，还是要流于庸俗；所谓 sentimental［滥情，伤感］，我觉得就是指的这种庸俗的感情。

一切伟大的艺术家（不论是作曲家，是文学家，是画家……）必然兼有独特的个性与普遍的人间性。我们只要能发掘自己心中的人间性，就找到了与艺术家沟通的桥梁。再若能细心揣摩，把他独特的个性也体味出来，那就能把一件艺术品整个儿了解了。当然不可能和原作者的理解与感受完全一样，了解的多少、深浅、广狭，还是大有出入；而我们自己的个性也在中间发生不小的作用。

大多数从事艺术的人，缺少真诚。因为不够真诚，一切都在嘴里随便说说，当做唬人的幌子，装自己的门面，实际只是拾人牙慧，并非真有所感。所以他们对作家决不能深入体会，先是对自己就没有深入分析过。这个意思，克利斯朵夫（在第二册内）也好像说过的。

真诚是第一把艺术的钥匙。知之为知之，不知为不知。真诚的“不懂”，比不真诚的“懂”，还叫人好受些。最可厌的莫如自以为是，自作解人。有了真诚，才会有虚心，有了虚心，才肯丢开自己去了解别人，也才能放下虚伪的自尊心去了解自己。建筑在了解自己了解别人上面的爱，才不是盲目的爱。

而真诚是需要长时期从小培养的。社会上，家庭里，太多的教训使我们不敢真诚，真诚是需要很大的勇气做后盾的。所以做艺术家先要学做人。艺术家一定要比别人更真诚，更敏感，更虚心，更勇敢，更坚忍，总而言之，要比任何人都 less imperfect［较少不完美之处］！

好像世界上公认有个现象：一个音乐家（指演奏家）大多只能限于演奏某几个作曲家的作品。其实这种人只能称为演奏家而不是艺术家。因为他们的胸襟不够宽广，容受不了广大的艺术天地，接受不了变化无穷的形与色。假如一个人永远能开垦自己心中的园地，了解任何艺术品都不应该有问题的。

有件小事要和你谈谈。你写信封为什么老是这么不 neat［干净］？日常琐事要做得 neat［干净］，等于弹琴要讲究干净是一样的。我始终认为做人的作风应当是一致的，否则就是不调和；而从事艺术的人应当最恨不调和。我这回附上一小方纸，还比你用的信封小一些，照样能写得很宽绰。你能不能注意一下呢？以此类推，一切小事养成这种 neat［干净］的习惯，对你的艺术无形中也有好处。因为无论如何细小不足道的事，都反映出一个人的意识与性情。修改小习惯，就等于修改自己的意识与性情。所谓学习，不一定限于书本或是某种技术；否则“随时随地都该学习”这句话，又怎么讲呢？我想你每次接到我的信，连寄书谱的大包，总该有个印象，觉得我的字都写得整整齐齐、清楚明白吧！

二十九日夜

赏读

1958 年，傅雷之子傅聪因为出色的音乐才能被国家选派留学波兰。傅雷夫妇从 1954 年到 1966 年 5 月期间一直和儿子傅聪通信，十二年通信数百封，贯穿了傅聪出国学习、演奏成名到结婚生子的成长经历，也映照着傅雷的翻译工作、朋友交往以及傅雷一家的命运起伏。这些书信于 1981 年由傅雷先生次子傅敏编辑而成《傅雷家书》出版。

《傅雷家书》摘编了傅雷先生 1954 年至 1966 年 5 月的将近 200 封信，最长的一封信长达七千多字。傅雷在家书中和儿子无所不谈，谈做人，谈美术，谈音乐，谈表现技巧，谈修养，谈爱情，谈文学，很重要的“做人”“人格”的话题也贯穿其中。“这是一部最好的艺术学徒修养读物，这也是一部充满着父爱的苦心孤诣、呕心沥血的教子篇”（楼适夷《傅雷家书》跋），更是一个近代中国知识分子精神的深刻写照。

选文的第一封家书是在傅聪出国第二年写的，傅雷在信中和他探讨艺术学习中更换老师这件事：艺术到了一定程度，需要更换老师，但是这件事“有许多人事上及感情上的难处”，希望儿子诚恳、坦白地和杰老师说明。“我认为一个人只要真诚，总能打动人的；即使人家一时不了解，日后仍会了解的。我这个提议，你觉得如何？因为我一生做事，总是第一坦白，第二坦白，第三还是坦白。绕圈子，躲躲闪闪，反易叫人疑心；你耍手段，倒不如光明正大，实话实说”，“既然这是你一生的关键，就得拿出勇气来面对事实，用最光明正大的态度来应付，无须那些不必要的顾虑，而不说真话”。

傅雷以自己的人生经验教育儿子要光明正大，实话实说，坦白应对。不仅应对这件事，做人做事，都需要“坦白”这个原则。在傅聪人生的起步阶段，作为父亲提醒儿子做人的重要准则。中国人为了面子和关系经常会宁曲不直，宁藏不白。傅雷性格刚直坦荡，不愿意抱着中国人那套为人处世的“圆通”，也深知道西方人喜欢直来直去，给儿子指出应对之道。

第二封家书是1956年的一封信，由傅聪演奏莫扎特的曲目谈起，谈到了艺术，“艺术不但不能限于感性认识，还不能限于理性认识，必须要进行第三步的感情深入。换言之，艺术家最需要的，除了理智以外，还有一个‘爱’字！所谓赤子之心，不但指纯洁无邪，指清新，而且还指爱”。傅雷认为感性、理性、爱心是艺术家的重要品质，这个爱是“伟大的心”，是“热烈的、真诚的、洁白的、高尚的、如火如荼的、忘我的爱”。

他又强调艺术家“必然兼有独特的个性与普遍的人间性”，而“普遍的人间性”是和普通人共鸣和沟通的桥梁，掌握了这两点，就能了解整个艺术品了。

傅雷对于艺术的真知灼见，不仅令傅聪受益，亦令以后的任何读者怦然共鸣。

接下来，傅雷掷地有声，道出“真诚是第一把艺术的钥匙。知之为知之，不知为不知。真诚的‘不懂’，比不真诚的‘懂’，还叫人好受些。最可厌的莫如自以为是，自作解人”。傅雷把准了艺术的命脉，真诚是通向艺术殿堂的第一把钥匙，这和古人说的“修辞立其诚”“从自己胸臆中流出”的“真性情”都是一脉相承的。前面提到的艺术家必备的“伟大的心”也是“真诚”的进一步生发，是艺术产生的真正源泉。傅雷指出：“大多数从事艺术的人，缺少真诚。因为不够真诚，一切都在嘴里随便说说，当做唬人的幌子，装自己的门面，实际只是拾人牙慧，并非真有所感。”对于多少沽名钓誉的假艺术家进行了揭示，使之现形。在另一封家书中，傅雷就针砭了一个曾经熟悉的艺术家走到穷途末路，指出“可见一个人弄艺术非真实、忠诚不可”。一个艺术家失去了真诚，就失去了艺术生命。傅雷的教诲对于我们今天的诸多艺术家依然是当头棒喝，警世名言。

在这两封家书中，傅雷谆谆教诲傅聪，不仅艺术需要“真诚”这把钥匙得以登堂入室，而且做人第一要义也是“真诚”，艺术与做人，其理一也。“先做人、再做学问、再做艺术家，最后成为钢琴家……”，做一个“德才具备、人格卓越的艺术家”。

傅雷的教子文章，率真坦诚，真情、真心、真爱溢于言表。

作为父亲和一代学者、艺术家的傅雷何止言传，自身也是一个真诚、坦荡、高尚的真人，有着珠玉之质、赤子之心。《傅雷家书》因其感情深挚，成为那个特定的历史语境中极其难得的保持着个人话语空间的真诚之作。

《傅雷家书》文字准确精雅，虽然是给儿子的家信，却显出巨匠本色。珠玑之美，卓越之见，加上真诚的情感、渊博的学养、深刻的哲理，堪为反复涵泳、受益无穷的经典名作。

作品

骡子和金子（节选）①

罗　宏

一

客店里，油灯下，骡子原原本本讲了金条珠宝的来历。

“袁队长死了，只能交给二号首长。”骡子一副天降大任的神情，“邱排长不放心我，老子还不放心他呢。”

“真的有十几个红军为你送了命？”

“真的。一个一个地倒下去。只有一个还活着，就是邱排长。”

“所以，我不能让你杀他。”骡子又补了一句。

“你回来哪么瞒得风雨不透？”

“我怕吓倒你们。怕你们卷进来，我一人做事一人当。”

“王麻子要拿三十块大洋赎爹，你也没动心？”

“金子不是我的，我哪敢想？”

花姑心一动，认真地看着骡子。

“你不知道那是人人都流口水的金子么？”

骡子露出了窘迫：“我当然晓得人人都想金子，所以才不敢露馅，所以才来还金子。你想，红军丢了这么多金子，心里

① 选自《骡子和金子》（花城出版社 2014 版）。罗宏，生于 1954 年，湖南人，作家、评论家，广州大学人文学院教授。

能不急么?”

花姑发现她和骡子根本不在一个对话的平台，停止了追问，在油灯下看着自己的老公，想起当镖师的父亲临终前的遗训。

“你莫嫌骡子蠢，他有自己做人的主张。他活的是自己，找遍天下，谁都不能替代。这就叫人之宝，他是你的金不换。”

迟钝的骡子发现花姑死死地盯着自己，心里就毛了。

“花姑，我不是小气，你想，十几个红军为我送了命，我要是……”

花姑打断了骡子：“我没打黄金主意。我问你，下一步，哪么办?”

严峻的考验又降临了。

骡子明白，花姑是来追他成亲的，这是自己的诺言。骡子也考虑过这个问题，但他计算过时间，觉得可以及时回来成亲。现在却不同了。不说别的，就说邱排长上马前撂下的那句话——我和你没完，事情就不那么简单。在红军看来，骡子已经叛变。这也就意味，交还黄金不会顺利。推理下来，亲事也很难如期举办。结果就会食言，严重地说就是背叛。骡子很难承受这样的压力。

所以面对花姑，骡子只有惶恐。鼻尖上甚至还渗出细细的汗珠。

花姑感觉到骡子的内心挣扎，这恰恰说明骡子把花姑放在心上。花姑就心疼了，掏出手巾给骡子抹去鼻头的汗。

“不就是想去还金子吗，看你为难成这样!”

骡子心里一阵惊喜，脱口而出：“红军就在眼前，一不做，二不休，把金子交给二号首长，我就解脱了，就回去和你拜天地。你看如何?”

“好，我陪你一起去!”

骡子一听沉默了。他没想到，花姑不仅赞同，还要参与。

“你信不过我?”花姑问。

骡子迟疑：“花姑，要是一两天搞不成呢?”

“我晓得。大不了晚点成亲!”

骡子又沉默了。他不想花姑冒险，但又不敢明说，花姑是个越是艰险越向前的婆娘。所以必须讲究修辞，而修辞恰恰又是骡子的短板。

“有屁就放呀!”花姑急了。

“我爹哪么办?你娘哪么办?”骡子终于开口了。

花姑沉默了。其实花姑也知道前路山高水深，要是有个三长两短，痨病客的公公青光眼的娘，哪个来伺候？骡子一看花姑迟疑了，也想起两个老人孤苦伶仃的种种情形，鼻子也酸起来。两人就沉默着，此时无声胜有声的效应就撞击着骡子和花姑的心扉。

“好，我回去，等你。”花姑终于答应了。

然后，花姑就审视骡子的装束：“你去见红军，不能再披这身皮，搞不好会被冷枪崩了。”花姑又看着那个贵重无比的子弹袋：“也不能带着这个上路。”

花姑起身走出了客房。

半个时辰后，花姑夹着一件半新不旧的士林蓝布棉袍回来了。还带着剪刀和针线，一针一线把金条珠宝都藏进了棉袍里。骡子静静地看着花姑忙碌，直到五更梆声幽幽传来。

二

二号首长带着邱排长就往老城的杨柳街而去。

这是遵义的王府井。青石板街两边都是青砖白瓦的店铺人家，还有气派的富豪宅院。红军的首脑机关也都驻扎在这一带。最令人遐想的就是街边的杨柳树。据说明朝官兵来围剿当地叛逆的土司王，大军团团围住了城。一个妇人背着一个五六岁的孩子，手里牵着一个两三岁的孩子出城避难。围剿的将军很奇怪：大嫂，你为何背着大娃娃，牵着小娃娃呢？妇人说：大娃娃是朋友家的娃，小娃娃是我的娃。我要把朋友家的娃送走，免得遭战火。将军问：要是我要你留下一个娃不准走，你留谁？妇人含着泪水说：那就留下我的娃吧，我不能亏朋友。将军被感动了，对妇人说：你再回城一趟，把你家门口插上杨柳枝，我进城后保证秋毫无犯贵宅。妇女就回城了，不仅自己家门口插上了杨柳枝，还遍告街坊。结果明军破城后打算烧城，看着家家户户都插着杨柳，不知如何是好，将军明白了一切，就取消了烧城计划。此后，这条街就叫杨柳街，成为遵义人的骄傲。

邱排长听二号首长讲了杨柳街的来历，不觉联想到了革命。

“要是这妇人活到今天，肯定参加红军！”

二号首长一笑：“我看没有必要。”

邱排长露出困惑：“为什么？好人都应该当红军！”

二号首长意味深长地看着邱排长。

“明亮，革命不是为了让天下人都成为革命者，而是让天下人能自由地选择自己想过的日子并因此而幸福。说浪漫一点，革命不是为天下都开红花，而是要世界万紫千红。”

邱排长语塞了，脸有些发红。

二号首长又说下去：“明亮，革命者出于斗争的需要，可以做一些意识形态宣传，比如你刚才说的好人都应该当红军，比如我们是替天行道之类。但是我们内心一定不能糊涂。”二号首长深情地看着街边的杨柳说：“我看那个救了遵义的大姐如果还活着，应该坐在杨柳树下纳鞋底，或者绣花。”

……

邱排长就说起了湘江突围以来的全部经过，然后总结性地说，骡子是个没有革命觉悟的马夫，当初把金子交给他就是一个失策。事实证明，没有革命觉悟，是无法抗拒金钱诱惑的。现在骡子见利忘义，私吞黄金，还投了国民党，给湘军团长当马弁，既是小人，又是反革命。我回来就是想搬兵，彻底收拾他！

二号首长笑了笑：“明亮，我觉得你思想方法有些偏激。没有革命觉悟，就不能抗拒金钱诱惑？你把革命看成万能的了。”

邱排长有些意外：“难道革命不是万能的么？”

“我认为，现在的国情下，没有革命是万万不能的。但是普遍地说，革命并不是万能的，而是万不得已的政治选择。”

邱排长更加意外：“二号首长，照你这么说，能不革命尽量不要革命啦？这些道理是谁说的？”

“马克思和恩格斯晚年都有这样的论述。不过，谁说的并不重要，问题在于有没有道理。”

邱排长沉默了。他可不是一般的老粗。念过完小，那年头，属于小知识分子了。后在上海船厂当工人，又属于正宗的产业工人。一九二七年，上海工人第三次武装起义中加入革命。后来进中共特科工作，接触过不少中央重要领导。马列主义他自认为还是不陌生的。可是二号首长的这番话他闻所未闻，而且很刺耳。要不是二号首长说出来，他没准就要掏枪问罪了。

二号首长看出了邱排长的心思，微笑说：“这些道理有些深奥。你慢慢悟吧，我们来就事论事吧。你说骡子反革命，这也很偏激，我问你，他婆娘已经把你制服了，他为什么不干掉你，还要放你跑？”

邱排长露出了不快："我们那么多同志，为他牺牲了，他要是还杀我，不怕遭雷劈么？这只能说明他还有点人味，并不能说明他不贪财！"

邱排长也是个耿直的人，要不然，也不会在苏区肃反中抗命犯了错误，从营长贬为排长。二号首长很了解他，宽和地一笑，给邱排长斟了一杯酒。

"明亮，你别激动。听我慢慢说。"

二号首长就说了自己的分析。他先讲了骡子留在红军当马夫的经过以及此后自己和骡子进一步接触后的认识，归结到几点：这个人头脑比较简单，对革命缺乏认识，尤其是认死理，脾气倔，倔起来脾气还挺大，这都是他的缺陷。但是他心眼正，重信义，敢承担，这是最宝贵的。二号首长还给邱排长讲了一个故事，以证明骡子的品行。

红军撤离苏区前，袁队长带着骡子去收购骡马。袁队长和卖马人讨价还价后把马买下来了。可是骡子死活不肯牵马走，当着卖马人说袁队长违反三大纪律八项注意，买卖不公平。袁队长一看骡子闹起来了，怕影响不好，就按卖马人要的数补齐了差价。可是骡子还是不肯牵马。说这马是好马，不止这个价，袁队长有些恼火：那你说什么价？骡子说了价，竟然翻了三倍！不仅袁队长吃惊，卖马人也连连摆手不接受。骡子却说：要不是这个价，就对不起马，就是欺负马不会说话，就是对马不公平。正好彭德怀路过，亲自相马，一眼就看中了："是匹千里马，就按马夫说的价，我买了！给传令兵用！"

"你想想，骡子对一匹马都这么讲公道，会贪我们的黄金么？"二号首长又说下去，"从你说的情况看，我看骡子是来还黄金的，至于投靠国民党，也不难理解，不过是混碗饭吃而已，也可能是利用这个身份更好找红军。"

同样的事实，二号首长一看就产生了相反的解读。这就是一千个读者，有一千个哈姆雷特。可见事实是黑暗的，需要眼光去照亮。

邱排长听了二号首长的分析，再细想骡子的表现，觉得二号首长说的也不无道理，可心里却感到很别扭。

"这么说，是我小人之心度君子之腹，才把事办砸了？"

二号首长笑了笑："你不是小人，你是太把自己当大人了。"

看着邱排长满脸尴尬，二号首长转移了话题："我知道，你也是好心。责任在我，我没估计到情况那么恶劣，应变的考虑也不周全。我会向中央检讨。"

邱排长听二号首长这么一说，也坐不住了："首长，我负责任。是我把骡子丢了，我请求继续完成任务！"

"这事我们要专门研究。今天不讨论了。来，喝酒！"

这顿酒邱排长喝得心事重重，总惦记着黄金的事。二号首长批评他思想偏激，也使他委屈，尤其是二号首长说革命不是万能的，更使他心灵纠结。他邱明亮参加革命，就是相信革命是万能的。要是革命不是万能的，只是万不得已才出手的招，就像消防队，不到救火的时候根本没什么事，那干革命还有什么劲？邱排长认为，革命应该是永不谢幕的演出，永不结束的狂欢，那才叫来劲。

邱排长的心灵纠结，触及了革命的合法性问题。革命是万能的吗？是永恒的吗？是目的吗？其实，革命是有前提的，前提就是万不得已。而且革命是手段不是目的。只有认识了这一点，才有资格做革命家，只有极其谨慎地使用革命手段，才是伟大的革命家。

……

散会后，二号首长把邱排长送出门，意味深长地说："明亮呀，对骡子，不要高高在上，要以理服人。"

邱排长苦笑："我也讲过道理。为穷人，为革命，为了英特纳雄耐尔，就差没给他背《共产党宣言》了。"

二号首长笑了笑："对骡子不要讲这些共产党的道理，要讲普世认同的道理。其实两个字足矣。"

"哪两个字？"

"信义。"

"信义？这是老祖宗的道理，管用么？"邱排长有些困惑。

"怎么不管用？你以为不贪财要多么复杂的道理才管用么？你不要把简单的问题搞复杂。程婴为了救孤，把自己和儿子都舍出去了，就是信义二字。明亮，你千万不要以为，离开了共产党的教育，天下就没有肝胆义士了。"

说到此，二号首长仿佛深有感触："要是天下人都以诚相待，根本就没我们共产党什么事，也根本无须革命。正是我们没把最基本的人做好，才生出尔虞我诈，巧取豪夺，富贵不公，强弱相残，才要我们来平天下。其实人生在世，本不需要多么深奥的道理，守住人格底线足矣。天下大乱，不是因为缺少真理，而是因为我们守不住最简单的做人伦理。当人类必须求索真理并要为之浴血奋斗之时，恰恰是时代的不幸。”

邱排长站住了，愣愣地看着二号首长，他觉得二号首长的话简单又深奥。在苏区，他给几位中央首长作过警卫，也经常给二号首长送文件。有一次，还破获了一起谋杀二号首长的敌特行动。算是很熟悉了，但是彼此缺乏深谈，他听其他首长说过，二号首长不仅是革命家，还是个思想家。这次因为黄金的事，他和二号首长近距离接触，有了切身的感受。

看着邱排长发愣的表情，二号首长意识到自己把话说远了，笑了笑，拍拍邱排长的肩膀：“明亮，只要你思想方法转过来，一定能完成任务。你记住，对骡子，千万不要有人格优越感。这样他就会信服你。其实在人格上，你和他是平等的，只是走着不同的人生路，你要是雄鹰的话，他就是天鹅。”

邱排长就这样出发了。尽管他依然不能完全理解二号首长的那些话，但是对骡子的认识已经大有转变。尤其二号首长把他比喻成雄鹰，使他一阵感动，这是对他人格的认可。对于邱排长这样的革命献祭者而言，这是最高的褒奖。邱排长心想：那就让我这只雄鹰，去见识见识那只天鹅吧。

三

现在，骡子的对手是云中飞，他的孪生兄弟。

就在云中飞下榻的旅馆，云中飞和骡子摊了牌。骡子目瞪口呆。他本以为云中飞是代表红军来接黄金的，哪知道云中飞竟然想带着黄金和自己回到火龙寨，先和花姑拜堂，然后全家搬到省城或者上海去过富人日子。

“你要是嫌花姑土气，不想拜堂也行。我正好捡一个大便宜。我娶花姑，我不嫌她。反正你不能占着茅坑不拉屎，把花姑耽误了，把我也耽误了。”

骡子瞪大眼睛：“那你怎么向上级交代？”

云中飞笑了：“你真以为我是红军呀？”

“你不是红军首长我晓得。可是在贵阳，你不是豁出命来……”

骡子话没说完，就被云中飞打断了。

“那时候我是黄泥巴掉在裤裆里，不是屎也是屎。再说，我不掩护你，我们田家就绝种了，黄金也没戏了。至于命么，我云中飞从来就交给天。只要天不绝我，谁能要老子的命？我找到你，就是老天有眼，让我当富人！”

“这么说，你来昆明，不是红军派来的？”

“可以说是，也可以说不是。”

云中飞就告诉骡子他贵阳突围后的经历以及他的如意算盘。

“鸽子，原来你骗红军?”骡子终于转过了弯。

“难道红军没骗我么?”云中飞冷笑，“二号首长要我去贵阳救你，却要邱排长防着我。这不是骗么?”

骡子还有疑问：“邱排长被你干掉啦?”

“我坏到那个份上了吗?”云中飞不高兴了，“再说，我至于干掉他么?你可太小看我鸽子了。我随便给他编了个故事就把他支开了。等他赶到昆明，我们兄弟俩已经坐飞机回长沙了。”

接着云中飞就振振有词地说：“红军给我什么好，我凭什么要为红军卖命?红军要解放全人类，共同富裕，那是猴年马月的事！我现在捞了黄金，现在就富裕。再说，红军的黄金是怎么来的?不也是抢富人的?红军能抢，我哪么不能抢?”

骡子听到这里，才完全明白事情的严重性。他明白，黄金现在已经落在鸽子手里。想翻脸夺回来，那叫与虎谋皮。无论是动手还是动脑子，他都不是对手，见骡子傻眼，云中飞就得意了。

“骡子哥，你还有什么可说的?”

骡子长叹一声：“鸽子，你讲的那些道理都是在做生意，不是做人。”

云中飞冷笑：“做人难道不是在做生意么?人生一世，就是一场大生意!”

“那也不能投机取巧，一分钱，一分货！要讲信义!”

骡子说出了他的核心价值观。其实他除了“信义”二字，也没有别的理论法宝。说出“信义”二字，等于是最后的抵抗。

云中飞看骡子涨红了脸，好不容易吐出了一个理念，感觉哥哥很可怜，不禁产生了恻隐之心，决心好好开导一下同一个子宫出来的兄弟。

“哥，我这次不仅是来图黄金，也是来教你怎么做人。我要让你懂得怎么才有尊严。一句话，在人间，没钱就当不了富人，当不了富人就没有尊严!”

骡子心一动，原来是这么回事呀。骡子一直把黄金当作买东西用的，他也没多少东西想买，就没太把黄金当回事。现在他明白了，黄金原来是买尊严用的。难怪天下人争得死去活来。想到此，骡子又产生了联想。这话好像邱排长也说过，不过说得有些区别，邱排长说红军要黄金是去修厕所，不是当富人。邱排长还说，天下人都踩着黄金拉屎，天下人都能有尊严。骡子突然意识到，邱排长的话还真有些道理，要是大家都把黄金当狗屎，不就个个都有尊严了么？

于是骡子就照猫画虎把邱排长说的道理复述了一遍。说的时候还有些结巴，也不知道说清楚了没有。云中飞一听，露出了冷笑："你这些道理是听那些假圣人说的吧？"接着云中飞就进行了反驳。

"哥，你好好琢磨这人间事，其实就是为了自己，你莫听那些正人君子吹得天花乱坠，统统都是扯淡。什么做人要贫贱不能移，无非是给我们竖个牌坊，把我们捆住手脚，任由那些有权有势的人便宜占尽，还笑我们是傻子。你想想，凭什么要我们这些小民学好，那些有权有势的赚得盆满钵满，他们又为天下承担了什么？按理说，国家有难，最先站出来的应该是最占国家便宜的人，最该死的也是最占国家便宜的人。可是你看看，这烽火连天，遍野尸骨，有几个富宦人家？你想当圣人，是不是傻到家了？"

云中飞看着骡子："哥，你听明白了吗？"

"听明白了。"

"你明白什么啦？"

"天下乌鸦一般黑。"

云中飞笑了，拍拍骡子的肩膀："到底是我的哥，有悟性！"

但是骡子一把掀开云中飞的手。

"天下人都不是好东西，你也不当好东西么？那你自己在哪里？那你还投胎做什么人？你白糟蹋了一张人皮啦！"

说罢，骡子起身，又说了一番话。

"鸽子，我跟你讲，我投胎来人间，只想做个不亏心的人。你讲的那些正人君子和我无关。我要还黄金，是我的主意。红军的金子是哪么来的，也和我无关，我只晓得，哪个把金子托付我，我就送还哪个！"

……

直到晚上，云中飞还躺在自己的包房里思考。交还黄金，对他就意味重新投胎做人，并且意味着，他将成为人类中最愚蠢的品种。你想想，万贯财宝不要，这不是蠢到家了么？云中飞看着天花板，感受到内心的煎熬。

赏读

《骡子和金子》是罗宏的首部长篇小说。小说讲述湖南青年骡子随某盐商去江西苏区贩盐，阴差阳错被苏区中央银行马队雇佣。湘江之战中，骡子赶的大黑骡被炸死，他带着苏区中央银行的五百块金条及珠宝突围，与红军大部队失散，潜回湖南老家，但他矢志寻找红军归还金子。于是，他与未婚妻花姑不辞而别，携黄金走上了还金之路，开始了一个人的长征。因为怀揣重金，他一路引来了各路人马的围追堵截。国民党特工、地方军阀、江湖黑道、偷儿、红军和未婚妻花姑等都千方百计寻找他，骡子险象环生，历经磨难，黄金几度失而复得，但他执着"一根筋"，怀抱着诚信的做人信条，终于将黄金送到延安完成使命。然而节外生枝，验收时却发现少了二两，又被接受审查，最终找到了原来苏区中央银行的秤来验收——果然一分不差，才洗脱了他的嫌疑。

举世闻名的二万五千里长征及其"红军不怕远征难"的精神深深印在我们的脑海中。红军这支革命的队伍为了理想和信仰，艰苦卓绝，完成了人类历史上可歌可泣的壮举。而骡子仅是一个雇佣马夫，完全不懂革命为何物，但他以一个草根的做人信条，抱着"诚信"的坚执信念完成了一个人的长征。

骡子还金之长征，是和一般人的追求背道而驰的，"人为财死，鸟为食亡"是王麻子的口头禅，也是中国的民间俗话。乱世得到的金子，没有任何凭证，骡子完全可以占为己有，让妻子、父亲过上幸福人生；而骡子趋害避利，走上了艰苦卓绝的还金路，自己九死一生，亲人失去生命，但他矢志不移，终于完成壮举。骡子的还金执念，我们称之为诚信，或者重然诺，那是中国民间淳朴的道德和做人理念，无关乎文化，无关乎革命，无关乎理想，这是作为缺根筋的骡子认定的死理，死也要做到底。在一个道德危机、诚信匮乏的社会，骡子的道德壮举无疑是振聋发聩、可歌可泣的，他这个"一根筋"强烈地映照着现实的病态。

骡子因为金子和红军发生了联系。红军长征因其怀抱崇高信仰，骡子长征因其坚守淳朴诚信，两种长征，前后接续，都抱着一个"信"的理念，因此生发了许多值得人思考的哲学问题。骡子没有信仰，但他有坚如磐石的人品，没有革命觉悟，只要人品过硬，照样是肝胆义士。所以，骡子不需要明白黄金对于革命的意义，他只要懂得怎么做人就够了。骡子能超越贪欲，用生命来实现自己的承诺，他的经历告诉我们人品比信仰还靠谱。小说由此进入了现代革命历史的深沉反思，进入了信仰和道德、革命和人品、真理和美学、必然王国和自由王国之类宏大命题的思辨和探讨，通过二号首长和邱排长几段对话，使小说在显而易见的道德诚信喻示之外呈现了更加广阔的深沉的思想空间，实现了作者所谓“形象的文学世界要有思想的灵光，要有作者的生存发现和感悟”的文学思想。① 文学评论家谢有顺说：“罗宏把他对革命、真理、道德、历史以及人类终极关怀的思考，融入到一个危机四伏、充满传奇的江湖故事之中，在久违的阅读快意里，还潜藏着一幅思想者的面影。”②

首先，《骡子和金子》作为一部引人注目的小说，达到了可读性和可思性的结合。传奇跌宕，巧合夸张，刀光剑影，多角爱情等，作者发挥中国传统小说的故事性优势，带来了引人入胜的阅读效果，很快被拍成电视连续剧。但是作者坦承：“我写小说主要是想表达思想，不是为了写小说而写小说。”③ 多种通俗元素和江湖元素，巧妙地承载了沉甸甸的思想和哲学命题。

其次，塑造设计了主人公骡子的独特形象。一根筋，认死理，不转弯，一条道走到黑，和一般人说话经常不在一个频道。本来可以早点还金，但是他认死理只能交给二号首长，因为当初是二号首长交付他保管金子的。即使红军里其他人来找他，他也一概不信任，执意必须交付二号首长，所以引出很多波折来。当然还有对于爱人的“一根筋”观念，还金途中多个异性钟情于他，即使情难自禁，骡子也始终认定花姑才是自己的婆娘，绝不能背叛花姑。“一根筋”是淳朴无华的，也是无敌的，他做成了天大的难事，完成了壮举。这个形象很独特，充满设计感。

作为作者的首部长篇小说，这部作品中的很多尝试非常可贵，而且产生的效果不俗。但是由于作者映照现实的愿望太强烈，太急切，不能将思想完全隐藏在形象中。比如作品设计的斜体字评点模式，的确别出心裁，但是感

---

① 江冰：《一个人的长征：罗宏长篇小说〈骡子和金子〉评论集》，花城出版社，2014，147 页。

② 江冰：《一个人的长征：罗宏长篇小说〈骡子和金子〉评论集》，花城出版社，2014，10 页。

③ 江冰：《一个人的长征：罗宏长篇小说〈骡子和金子〉评论集》，花城出版社，2014，173 页。

觉故弄玄虚，影响了小说的自然境界；故事性强，但过多太刻意的巧合影响了故事的可信度；还有很多细节生硬粗糙，例如重金带在身上，却未体现因金子重量造成的负担。大约因为思想大于形象，所以不拘小节了。

第一节选文，叙述骡子和花姑客店晤谈。骡子负金还乡后，因为惦记还金的事，对未婚妻花姑不告而别，一个人走上还金之路，被花姑寻到。客店里，骡子向花姑坦白了金子的秘密，侠骨柔肠的花姑完全理解他并支持他，在油灯下为骡子飞针走线，密密缝衣藏金。这一幕也是全书刀光剑影中最温馨的场景。

第二节选文，主要叙述遵义城里红军二号首长和邱排长富有思辨性的对话。红军打下遵义城，骡子和红军失之交臂，红军二号首长和邱排长会面谈论寻找骡子这件事。作者借助两人对话，使小说进入了一个深层的思想空间，也是小说最强劲的思想之音。二号首长是一个特殊的思想家式的共产党员，他对于革命的认识，超越狭隘的政治功利，高屋建瓴，高超透辟，是作者心目中理想的革命家形象。

第三节选文，叙述骡子和孪生兄弟云中飞在面对金子时的不同选择。云中飞从小和家人失散，混迹江湖，有自己的一套人生哲学，认为钱可以买到尊严和体面；而骡子一根筋恪守信义，矢志还金，在云中飞眼中是人类中最愚蠢的品种。兄弟二人面对金子的不同态度，形成鲜明对照。

切磋琢磨

1．“真”与“诚”是这一单元的关键字，你是怎样理解这两个字的？你认为“真”与“诚”对于人生和社会有何意义？组织小组讨论或者写一篇文章表达你的见解。

2．这一单元里，哪一篇文章最能打动你？请说出原因，或者写一篇感想。

3．这一单元中出现的鲁迅、巴金、陈忠实等是大家熟知的作家，阅读他们的作品，是否让你产生共鸣？是否感觉到文中所言的“真”与“诚”？

4．读完毕淑敏的文章《对自己诚实一点》，自省你有过这种形象分裂的时候吗？文章对你有无启示？

5．这一单元所选文章大部分是散文随笔，比较一下这些散文不同的风格和写法，试着就某一话题有感而发写一篇散文或随笔。

外信于人

导读

“海岳尚可倾，吐诺终不移。”中国自古重视信诺。“君子一言，驷马难追”是家喻户晓的俗谚，“人而无信，不知其可也”是流传千年的圣人教诲。曾子三省，有其二是关于信诺的：“为人谋而不忠乎？与朋友交而不信乎？”忠信并举，强调对人要诚心诚意，说到做到。忠是内心之信，信是外行之忠。宋代程颢和程颐也说：“言而不行，是欺也。”本部分名曰“外信于人”，即重然诺，答应别人的事一定要做到。

本部分6篇选文以散文为主，有卓然名家，亦有考场学子；有以叙事为主的，也有以说理见长的；有娓娓道来的，也有当头棒喝的；有纯熟的白话，也有古朴的文言。语言形式丰富，但主题集中，晓畅明了。从历史到现实，从儿童到成人，从动物到圣贤，从正面的高义到反面的忘义，均展示信用然诺在中国人心中的重要位置。在阅读的时候，仅停留在阅读的快感上是不够的，还需要借着这些话题进一步思考，反观现实，反求诸己。

《守时》是梁实秋的名篇，颇有梁氏绵密典雅而不失雍容的文风，旁征博引，既寻摘史迹，又揆诸现实，集中论述国人尚钟表而不守时约之弊，并不失梁氏幽默，给出了如何做到守时的建议。守时看似事小，背后关乎的却是信约这样的大事，或者说守时是信约的最直接体现。余秋雨的《信客》、张晨义的《诚实的亮度——一个锡匠的故事》和铁凝的《一千张糖纸》虽是散文，亦可作小说看，因其叙事手法高妙，颇类小说。其中，《信客》既关乎信客这个职业本身，又是年轻信客对老信客的承诺。《诚实的亮度——一个锡匠的故事》是关于锡匠对制锡手艺的信诺，这份职业信诺正是当今频频提及的工匠精神。《一千张糖纸》有很多值得深思的地方，除了欺骗，还有教育、成人与孩子的交流等问题。孩童的世界是纯净的，没有欺骗就是这个纯净世界的一个元素，然而，这份纯净很容易被成人污染。韩春旭的《生命戒律·不要说谎》如当头棒喝，直面现实，有如鲁迅杂文的投枪匕首。蒋昕捷的《赤兔之死》是2001年江苏省的高考考场作文，看完此文，不禁佩服当时还是高中生的作者的笔力，娴熟的文言以及对三国故事的熟稔道出了关羽缘何在民间歆享不断，忠义诚信也。

自古君子重然诺，在社会主义市场经济的今天尤为需要重然诺。商品经济的有序运行得益于信任与践诺，而从熟人社会步入陌生人社会的中国，培育契约精神必得从信约开始。答应熟人的事情能说到做到，而答应陌生人的事情是否也能说到做到呢？比如厂家说“如假包换”，可果真是假的，换吗？当然，技术的进步和互联网的发展确实让“外信于人”更容易实现。在阅读了这些关于“外信于人”的篇章后，相信能对我们的人生有所启发：做到外信于人，首先，要学会守时，这是践约的直接表现。其次，不要轻易承诺，既然承诺，就要做到，即言而有行。再次，忠于职业，培育匠人精神，这是对职业的信守，更是对客户的承诺。孟子曾言何谓大丈夫，如果“富贵不能淫，贫贱不能移，威武不能屈”难以实现的话，那么，能够说到做到，“外信于人”，即可谓大丈夫也。

作品

守时[①]

梁实秋

《史记》五十五留侯世家，记载圯上老人授书张良的故事，甚为生动："后五日平明，与我会此。良因怪之，跪曰：'诺。'五日平明，良往，父已先至，怒曰：'与老人期，后何也？'去曰：'后五日早会。'五日鸡鸣，良往，父又先在，复怒曰：'后何也？'去曰：'后五日复早来。'五日良夜未半往。有顷，父亦来，喜曰：'当如是。'"

老人与良约会三次。第一次平明为期，平明就是天刚亮，语义相当含糊，天亮到什么程度才算是平明，本难确定。"东方未明"是一阶段，"东方未晞"，又是一阶段，等到东方天际泛鱼肚色则又是一阶段。良平明往，未落日出之后，就不算是迟到。老人发什么脾气？说什么"与老人期"之倚老卖老的话？第二次约，时间更不明确，只说早一点去。良鸡鸣往，"鸡既鸣矣"，就是天明以前的一刹那，事实上已经提早到达，还嫌太晚。第三次良夜未半往，夜未半即是午夜以前，这一次才满老人意。既然如此，为什么不早明说，虽然这是老人有意测验年轻人的耐性，但也不必这样蛮不讲理地折磨人。有人问我，假如遇见这样的一个老人作何感想，我说我愿效禅师的说

① 选自《梁实秋小全集·雅舍小品》（四川人民出版社 2017 年版）。梁实秋（1903—1987），中国散文家、翻译家，著有《雅舍小品》《沉思录》等。

法："大喝一声，一棒打杀！"

黄石公的故事是神话。不过守时却是古往今来文明社会共有的一个重要的道德信念。远古的时候问题简单，日出而作，日入而息，根本没有精确的时间观念，而且人与人要约的事恐怕也不太多。《易·系辞》所谓"日中为市，致天下之民，聚天下之货，交易而退，各得其所"，不失为大家在时间上共立的一个标准，晚近的庙会市集，也还各有其约定俗成的时期规格。自从有了漏刻，分昼夜为百刻，一天之内才算有正确时间可资遵循。周有挈壶氏，自唐至清有挈壶正，是专管时间的官员。沙漏较晚，制在元朝。到了近年，也还有放午炮之说。现代的准确计时之器，如钟表之类，则是明季的舶来品，"明万历二十八年，大西洋人利玛窦来献自鸣钟"（《续通考·乐考》），嗣后自鸣钟在国内就大行其道。我小时候在三贝子花园畅观楼内，尚及见清朝洋人所贡各式各样的自鸣钟，金光灿烂，洋洋大观。在民间几乎家家案上正中央都有一架自鸣钟，用一把钥匙上弦，昼夜按时刻叮叮当当地响。外国人家墙上常见的鹧鸪钟，一只小鸟从一个小门跳出来报时，在国内尚比较少见。好像我们老一辈的中国人特别喜爱钟表，除了背心上特缝好几个小衣袋专放怀表之外，比较富裕的人家墙上还常有一个硬木螺钿玻璃门的表柜，里面挂着二三十只形形色色的表，金的、银的、景泰蓝的、闷壳的，甚至背面壳里藏有活动秘戏图的，非如此不足以餍其收藏癖。至于如今的手表（实际是腕表）则高官大贾以至贩夫走卒无不备有一只了。

普遍的有了计时的工具，若是大家不知守时，又有何用？普通的衙门机关之类都定有办公时间，假如说是八点开始，到时候去看看，就会知道那是怎么一回事。大抵较低级的人员比较最守时，虽然其中难免有几位忙着在办事桌上吃豆浆油条。首长及高级人员大概就姗姗来迟了，他们还有一套理由，只有到了十点左右办稿拟稿逐层旅行的公文才能到达他们手里，早去了没有用。至于下班的时间，则大家多半知道守时，眼巴巴地望着时钟，谁也不甘落后。

和民众接触最频繁的莫过于银行邮局，可是在门前逡巡好久，进门烧头炷香的顾客不见得立刻就能受理，往往还要伫候一阵子，因为柜台后面的先生小姐可能很忙，忙着打开保险柜，忙着搬运文件，忙着清理卡片，忙着数钞票，忙着调整戳印，甚至于忙着泡茶，件件都需要时间。顾客们要少安毋躁。

朋友宴客，有一两位照例迟到，一碟瓜子大家都快嗑完了，主人急得团团转，而那一两位客偏不来。按说“后至者诛”才是正理，但是后至者往往正是主客或是贵宾，所以必须虚上席以待。旧日戏园演戏，只有两盏汽油灯为照明之具，等到名角出台亮相，则几十盏电灯一齐照耀，声势非凡。有迟到之癖的客人大概是以名角自居，迟到之后不觉得歉然，反倒有得色。而迟到的人可能还要早退，表示另有一处要应酬，也许只是虚晃一招，实际是回家吃碗蛋炒饭。

要守时，但不一定要分秒不差，那就是苛求了。但也不能距约定时间太远。甲欲访乙，先打电话过去商洽，这是很有礼貌的行为，甲问什么时候驾临，乙说马上就去。问题就出在这“马上”二字，甲忘了钉问是什么马，是“竹披双耳峻，风入四蹄轻”的胡马，还是“皮干剥落，毛暗萧条”的瘦马，是练习纵跃用的木马，还是渡过了康王的泥马。和人要约，害得对方久等，揆诸时间即生命之说，岂是轻轻一声抱歉所能赎其罪愆？

守时不是容易事，要精神总动员。要不要先整其衣冠，要不要携带什么，要不要预计途中有多少红灯，都要通过大脑盘算一下。迟到固然不好，早到亦非万全之策，早到给自己找烦恼，有时候也给别人以不必要的窘。黄石公那段故事是例外，不足为训。记得莎士比亚有一句戏词：“赴情人约，永远是早到。”情人一心一意地在对方身上，不肯有分秒的延误，同时又怕对方忍受枯守之苦，所以“月上柳梢头，人约黄昏后”，老早地就去等着，“月移花影动，疑是玉人来”了。

我们能不能推爱及于一切邀约，大家都守时？

赏读

梁实秋是中国近代著名的学者、翻译家、散文家，《雅舍小品》奠定了他在中国现代散文史上的地位。朱光潜曾写信给梁实秋，称颂《雅舍小品》“对于文学的贡献在翻译莎士比亚的工作之上”。梁实秋是在抗战期间入蜀后开始创作《雅舍小品》的，当时他的朋友刘士英在重庆主办《星期评论》，为他开辟一个专栏，言明每期一篇，每篇两千字左右。战乱时期的生活很艰苦，梁实秋的“雅居”实则是“有窗而无玻璃，风来则洞若凉亭，有瓦而空隙不少，雨来则渗如滴漏”。在“雅居”中，他的思想是自由的、活跃的，因而他的小品文写作也是“随想随写，不拘篇章”，不仅内容丰富随心，而且言语形式恣意不拘。

小品文惯用轻松疏淡的文字，娓娓道出人生百态。在《守时》一文中，梁实秋就像给朋友讲故事、拉家常一样，先叙说《史记》当中记载的圯上老人授书张良的故事，由于圯上老人没有给出明确的相约时间，结果张良跑了三趟。要“守时”，先得有确切的时间，这就牵涉计时问题。从周代到清朝，再到现代，计时方法和计时器的发展创新，使得现代的钟与手表在计时之外，还成了财富和身份的象征。

梁实秋力主散文必须“美在适当”，他提出“散文的美妙多端，然而最高的理想也不过是‘简单’”，提倡以理性驾驭情感，以理性节制想象。所以他的立场永远是客观的，常常以一种冷眼旁观的态度来叙述现象。例如衙门机关和银行邮局不守时的现象，作者采用写真式描写，没有主观情感的描绘。文章只是极其冷静地如电影镜头般掠过银行邮局，让读者看到顾客门前逡巡、门内伫候，让读者看到职员开保险柜、搬运文件、清理卡片、数钞票、泡茶等系列画面，无须评价，这些画面足以让读者心中对“守时”有所评判。

“简单”与“适当”是梁实秋的散文美学追求，所以“平实”是其散文的主要风格，但是作为一个学者所具有的丰富的学识、高超的思想、个性的想法，又成就了其独有的文调，就像他自己所说的“有一个人便有一种散文”。他的旁征博引、诗词点化造就其散文“雅”的语言风格。这篇小品文以文言引文开篇，关于计时历史介绍直接引用文献，结尾诗词引用“月上柳梢头，人约黄昏后”等，无不给文章涂上“雅”的色调。

这种“雅”又常常因灵动的表达产生幽默效果，比如这篇小品文中谈到守时，“马上”的模糊回答，对“马”一词的阐释可谓独到，快马、慢马、木马、泥马，完全动不了的马，读来让人莞尔一笑，化入诗词，“竹披双耳峻，风入四蹄轻”，“皮干剥落，毛暗萧条”，形象又不乏雅，是一种学者型的雅的幽默。笑过之后，读者又会深思：自己是否被“马上”的幌子戕害过？或是这样戕害过别人？

梁实秋信奉“人性”，他认为“文学难得的是忠实——忠于人性”，在《雅舍小品》里，他总是站在平民立场上，用平民观点来阐释一些平民道理，家常事，家常情，家常理。当然，“守时”是家常的，也是平民的，甚至可以说是每一个人的，就像鲁迅先生说的：“生命是以时间为单位的，浪费别人的时间等于谋财害命。”

作品

信客[1]

余秋雨

一

我国广大山区的邮电网络是什么年代健全起来的，我没有查过，记得早年在乡间，对外的通信往来主要依靠一种特殊职业的人：信客。

信客是一种私人职业，不受任何机构管理。这个地方外出谋生的人多了，少不了要带几封平安家信、捎一点衣物食品的，方圆几十里又没有邮局，那就用得着信客了。信客要有一点文化，知道各大码头的情形，还要一副强健的筋骨，背得动重重的行李。

细想起来，做信客实在是一件苦差事。乡间外出的人数量并不太多，他们又不集中在一个城市，因此信客的生意不大，却很费脚力。如果交通方便也就用不着信客了，信客常走的路大多七转八拐，换车调船，听他们说说都要头昏。信客如果把行李交付托运也就赚不了什么钱，他们一概是肩挑、背驮、手提、腰缠，咬着牙齿走完坎坷长途。所带的各家各户信件货物，品种繁多，又绝对不能有任何散失和损坏，一路上只得反

① 选自《文化苦旅》（知识出版社 1995 版），有改动。余秋雨，1946 年出生于浙江省余姚，文化学者。主要代表作有散文集《文化苦旅》《山居笔记》。

复数点，小心翼翼。当时大家都穷，托运费十分低廉，有时还抵不回来去盘缠，信客只得买最差的票，住最便宜的舱位，随身带点冷馒头、炒米粉充饥。

信客为远行者们效力，自己却是最困苦的远行者。一身破衣旧衫，满脸风尘，状如乞丐。

没有信客，好多乡人就不会出远门了。在很长的时期中，信客沉重的脚步，是乡村和城市的纽带。

二

我家邻村，有一个信客，年纪不小了，已经长途跋涉了二三十年。

他读过私塾，年长后外出闯码头，碰了几次壁，穷落潦倒，无以为生，回来做了信客。他做信客还有一段来由。

本来村里还有一个老信客。一次，村里一户人家的姑娘要出嫁，姑娘的父亲在上海谋生，托老信客带来两匹红绸。老信客正好要给远亲送一份礼，就裁下窄窄的一条红绸扎礼品，图个好看。没想到上海那位又托另一个人给家里带来口信，说收到红绸后看看两头有没有画着小圆圈，以防信客做手脚。这一下老信客就栽了跟头。四乡立即传开他的丑闻，以前叫他带过东西的各家都在回忆疑点，好像他家的一切都来自克扣。但他的家，破烂灰黯，值钱的东西一无所有。

老信客申辩不清，满脸凄伤，拿起那把剪红绸的剪刀直扎自己的手。第二天，他掂着那只伤痕累累的手找到了同村刚从上海落魄回来的年轻人，进门便说："我名誉糟塌了，可这乡间不能没有信客。"

整整两天，老信客细声慢气地告诉他附近四乡有哪些人在外面，乡下各家的门怎么找，城里各人的谋生处该怎么走。说到几个城市里的路线时十分艰难，不断在纸上画出图样。这位年轻人连外出谋生的人也大半不认识，老信客说了又说，比了又比，连他们各人的脾气习惯也作了介绍。

把这一切都说完了，老信客又告诉他沿途可住哪几家小旅馆，旅馆里哪个茶房可以信托。还有各处吃食，哪一个摊子的大饼最厚实，哪一家小店可以光买米饭不买菜。

从头至尾，年轻人都没有答应过接班。可是听老人讲了这么多，讲得这么细，他也不再回绝。老人最后的嘱咐是扬了扬这只扎伤了的手，说："信客信客就在一个信字，千万别学我。”

年轻人想到老人今后的生活，说自己赚了钱要接济他。老人说：“不。我去看坟场，能糊口。我臭了，你挨着我也会把你惹臭。”

老信客本来就单身一人，从此再也没有回村。

年轻信客上路后，一路上都遇到对老信客的问询。大半辈子的风尘苦旅，整整一条路都认识他。流落在外的游子，年年月月都等着他的脚步声。现在，他正躲在山间坟场边的破草房里，夜夜失眠，在黑暗中睁着眼，迷迷乱乱地回想着一个个码头，一条条船只，一个个面影。

刮风下雨时，他会起身，手扶门框站一会，暗暗嘱咐年轻的信客一路小心。

三

年轻的信客也渐渐变老。他老犯胃病和风湿病，一犯就想到老信客，老人什么都说了，怎么没提起这两宗病？顺便，关照家人抽空带点吃食到坟场去。他自己也去过几次，老人逼着他讲各个码头的变化和新闻。历来是坏事多于好事，他们便一起感叹唏嘘。他们的谈话，若能记录下来，一定是历史学家极感兴趣的中国近代城乡的变迁史料，可惜这儿是山间，就他们两人，刚刚说出就立即飘散，茅屋外只有劲厉的山风。

信客不能常去看老人。他实在太忙，路上花费的时间太多，一回家就忙着发散信、物，还要接收下次带出的东西。这一切都要他亲自在场，亲手查点，一去看老人，会叫别人苦等。

只要信客一回村，他家里总是人头济济。多数都不是来收发信、物的，只是来看个热闹，看看各家的出门人出息如何，带来了什么稀罕物品。农民的眼光里，有羡慕，有嫉妒；比较得多了，也有轻蔑，有嘲笑。这些眼神，是中国农村对自己的冒险家们的打分。这些眼神，是千年故土对城市的探询。

终于有妇女来给信客说悄悄话：“关照他，往后带东西几次并一次，不要鸡零狗碎的”；“你给他说说，那些货色不能在上海存存？我一个女人家，来强盗来贼怎么办”……信客沉稳地点点头，他看得太多，对这一切全能理解。都市里的升沉荣辱，震颤着长期迟钝的农村神经系统，他是最敏感的神经末梢。

闯荡都市的某个谋生者突然得了一场急病死了，这样的事在那样的年月经常发生。信客在都市同乡那里听到这个消息，就会匆匆赶去，代表家属乡亲料理后事、收拾遗物。回到乡间，他就挟上一把黑伞，伞柄朝前，朝死者家里走去。乡间报死讯的人都以倒挟黑伞为标记，乡人一看就知道，又有一个人客死他乡。来到死者家里，信客满脸戚容，用一路上想了很久的委婉语气把噩耗通报。可怜的家属会号啕大哭，会猝然昏厥，他都不能离开，帮着安慰张罗。更会有一些农妇听了死讯一时性起，咬牙切齿地憎恨都市，憎恨外出，连带也憎恨信客，把他当作了死神冤鬼，大声讹斥，他也只能低眉顺眼、听之忍之，连声诺诺。

下午，他又要把死者遗物送去，这件事情更有危难。农村妇女会把这堆简陋的遗物当作丈夫生命的代价，几乎没有一个相信只有这点点。红红的眼圈里射出疑惑的利剑，信客浑身不自在，真像做错了什么事一般。他只好柔声地汇报在上海处置后事的情况，农村妇女完全不知道上海社会，提出的诘问每每使他无从回答。

直到他流了几身汗，赔了许多罪，才满脸晦气地走出死者的家。他能不干这档子事吗？不能。说什么我也是同乡，能不尽一点乡情乡谊？老信客说过，这乡间不能没有信客。做信客的，就得挑着一副生死祸福的重担，来回奔忙。四乡的外出谋生者，都把自己的血汗和眼泪，堆在他的肩上。

四

信客识文断字，还要经常代读、代写书信。没有要紧事带个口信就是了，要写信总是有了不祥的事。妇女们一把眼泪、一把鼻涕在信客家里诉说，信客铺纸磨墨，琢磨着句子。他总是把无穷的幽怨和紧迫的告急调理成文绉绉的语句，郑重地装进信封，然后，把一颗颗破碎和焦灼的心亲自带向远方。

一次，他带着一封满纸幽怨的信走进了都市的一间房子，看见发了财的收信人已与另一个女人同居。他进退两度，犹豫再三，看要不要把那封书信拿出来。发了财的同乡知道他一来就会坏事，故意装作不认识，厉声质问他是什么人。这一下把他惹火了，立即举信大叫："这是你老婆的信！"

信是那位时髦女郎拆看的，看完便大哭大嚷。那位同乡下不了台，硬说他是私闯民宅的小偷，拿出一封假信来只是脱身伎俩。为了平息那个女人的哭闹，同乡狠狠打了他两个耳光，并把他扭送到了巡捕房。

他向警官解释了自己的身份，还拿出其他许多同乡的地址作为证明。传唤来的同乡集资把他保了出来，问他事由，他只说自己一时糊涂，走错了人家。他不想让颠沛在外的同乡蒙受阴影。

这次回到家，他当即到老信客的坟头烧了香，这位老人已死去多年。他跪在坟头请老人原谅：从此不再做信客。他说："这条路越来越凶险，我已经撑持不住了。"

他向乡亲们推说自己腿脚有病，不能再出远门。有人在外的家属一时陷入恐慌，四处物色新信客，怎么也找不到。

只有这时，人们才想起他的全部好处，常常给失去了生活来源的他端来几碗食物点心，再请他费心想想通信的办法。

也算这些乡村劫数未尽，那位在都市里打了信客耳光的同乡突然发了善心。此公后来更发了一笔大财，那位时髦女郎读信后已立即离他而去，他又在其他同乡处得知信客没有说他任何坏话，还听说从此信客已赋闲在家，如此种种，使他深受感动。他回乡来了一次，先到县城邮局塞钱说项，请他们在此乡小南货店里附设一个代办处，并提议由信客承担此事。

办妥了这一切，他回到家里慰问邻里，还亲自到信客家里悄悄道歉，请他接受代办邮政的事务。信客对他非常恭敬，请他不必把过去了的事情记在心上。至于代办邮政，小南货店有人可干，自己身体不济，恕难从命。同乡送给他的钱，他也没拿，只把一些礼物收下。

此后，小南货店门口挂出了一只绿色的邮箱，也办包裹邮寄，这些乡村又与城市接通了血脉。

信客开始以代写书信为生，央他写信的实在不少，他的生活在乡村中属于中等。

五

两年后，几家私塾合并成一个小学，采用新式教材。正缺一位地理教师，大家都想到了信客。

信客教地理绘声绘色，效果奇佳。他本来识字不多，但几十年游历各处，又代写了无数封书信，实际文化程度在几位教师中显得拔尖，教起国文来也从容不迫。他眼界开阔，对各种新知识都能容纳。更难能可贵的是，他深察世故人情，很能体谅人，很快成了这所小学的主心骨。不久，他担任了小学校长。

在他当校长期间，这所小学的教学质量，在全县属于上乘。毕业生考上城市中学的比例，也很高。

他死时，前来吊唁的人非常多，有不少还是从外地特地赶来的。根据他的遗愿，他的墓就筑在老信客的墓旁。此时的乡人已大多不知老信客是何人，与这位校长有什么关系。为了看着顺心，也把那个不成样子的坟修了一修。

赏读

余秋雨于1988年在上海的《收获》杂志上开辟专栏，发表文化散文，从此开创了“文化大散文”的一代文体。专栏文字后结集为《文化苦旅》。余秋雨的散文是以倾诉文化之“苦”的面目出现的，集中展示了中国文化的苦难历程。他以学者的智慧、生命的感悟，致力于构建强健的个体人格和民族性格，寻找真正的文化精神。孙绍振先生曾这样评价：“在余秋雨心中有一种文化中心主义的史学。文化就是生命，生命就是哲理的诗学。他的一切独创的话语实际上是以文化、个体生命为本体的话语。”

这篇文化散文主要通过叙述的方式展现了一代信客的文化“苦”旅。信客是在交通不发达时代连接城乡通信往来的特殊职业。正如文中所概括的：“做信客实在是一件苦差事。”“信客为远行者们效力，自己却是最困苦的远行者。”如何展现信客的“苦”？余秋雨用的是词语叠加：肩挑、背驮、手提、腰缠……纯人工纯原始的运输方式，所走之路极为艰辛，所带物品极为繁多，所背负的责任极为重大：绝对不能有任何散失和损坏。而所受之苦与回报之低廉形成鲜明对比，这一切的苦都来源于一个“信”字，信客肩上背负的是同乡人的“信任”。为了这个“信”字，他们愿意付出自己辛勤的劳动，愿意长途跋涉，甚至愿意忍受同乡人的误解与责骂，有点苦行僧的味道。

如果说文章第一部分是从“面”的角度来叙述信客这一职业，那么后面四个部分是从“点”的角度来叙述。就像讲故事一样，娓娓道来，主要讲述老信客和年轻信客的故事。老信客在帮人带红绸时“裁下窄窄的一条红绸扎礼品”，不料被戳穿，从此丑闻散开，人们不再信任他，可谓“一失足成千古恨”。血的教训让他叮嘱年轻信客：“信客信客就在一个信字，千万别学我。”年轻信客担起这一职责后，小心谨慎，一切亲自在场，亲手查点。若是遇到送死者遗物，还得承受家属的责问、眼泪甚至憎恨。他在一次送信的过程中被同乡打了两个耳光并送到巡捕房，却没有说同乡半句坏话。年轻信客传承了老信客的任劳任怨、善良厚道、恪尽职守的美好品质。

随着邮政事业的兴起，信客这一职业渐渐被人遗忘，而余秋雨通过他独特的叙述把“信客”这一形象展现得极为生动丰满。文章采用大量的细节性想象，比如“老信客申辩不清，满脸凄伤，拿起那把剪红绸的剪刀直扎自己的手”，表现了老信客无意失“信”后内心无比痛苦与悔恨。再如农村妇女“红红的眼圈里射出疑惑的利剑，信客浑身不自在，真像做错了什么事一般”，细致地刻画了年轻信客被同乡人质疑的情景，表现年轻信客的处境极为尴尬，而所有的“苦”只能自己默默承受。

余秋雨在创作文化散文时，用丰富的文化内容展现其文化思考，常常以叙述故事情节为主，融入合理想象进行细节刻画，时不时穿插点睛评论，彰显其文化视点。在这篇文章中，不乏精妙之概括：“在很长的时期中，信客沉重的脚步，是乡村和城市的纽带。”“都市里的升沉荣辱，震颤着长期迟钝的农村神经系统，他是最敏感的神经末梢。”

随着时代发展，信客成了中国历史长河中一个独特的文化符号。它代表的不仅是城乡文化的纽带，更是交通不发达时代人与人之间的“信任”。

作品

诚实的亮度
——一个锡匠的故事①

张晨义

劳动的价值，不单在它的收获，还在它能体现人的品质。

两件手工锡器，一件越擦越白越明亮，一件越擦越黑越暗淡。这是因为含锡量的不同。含锡量越高，擦之愈亮；含锡量越低，擦之愈暗。如果锡器关系人的饮食，如茶具、酒具之类，鉴别则尤为重要。精锡无毒，以纯为上，杂质超过百分之五就有害于人。用料精纯，关乎良心，全靠诚实二字，这是技艺的最高境界。纯净之光，诚实之美，小小一件制品，足可见人性的质量。

这些道理，打锡壶的徐锡匠最为明白。

徐氏锡壶二百年，木槌声声传到今。循声望去，那静静的幽亮，正仿佛透过云层的斑驳天光，清辉流转，朗照一片酒暖茶凉的乡间岁月。手艺绵延不绝，渐渐成为家族的荣耀，也让一个偏僻角落有了名气。

年轻时，徐锡匠并不喜欢干锡匠。锡匠活儿苦。一要耐得精神的寂寞，春去秋来，埋头劳作，不风光，太单调。二要忍得身体的痛苦，制作须手脚并用，时间长了，背膀变形，五脏六腑都不舒坦。一辈子干锡匠，还不跟个蜗牛似的。少年心志，追风逐月，岂肯就此罢休。一听人提打锡壶的，就觉矮人

① 选自《时代文学》(2014 年 10 期)。

三分。他酷爱绘画，十六岁就在街上画主席像，后来四处挥毫，十里八村小有画名。父亲说：做人还得守本分，还是干这个靠墙根儿。可他就是不认。娶了媳妇分了家，眼看人近三十，却仍没个如意的差事。度日艰难，不能不重新考虑了。世界之大，踩出条生路并不容易。转来转去，发现自己还是走不出锡匠的影儿。而立之年，这位锡匠之子看着化锡炉点了点头，没办法，干吧，这是命。正如后来一部名为《不见不散》的电影里的插曲所唱的：不必烦恼，是你的想跑也跑不了；不必徒劳，不是你的想得也得不到。生在锡匠之家，木槌声里长大，他的手艺基本是看会的，并没有一回认真的求问。旧时弟子出徒，当师傅的要送套工具。他没这个福气，一切都是自己来。为做一个支架，他找遍村里每一棵树，最后在庄外的苹果园里，方寻得一截合适的木杈。那时日子贫困，一家四口就住一间小破屋。徐锡匠昼夜不停地槌打，槌打，槌打！干得顺手，一天能打两把壶。每天深夜，老婆孩子都是枕着哒哒的木槌声入睡。光阴匆促，槌声悠悠。几年后，徐锡匠练就了技艺打出了名堂，翻身盖起五间敞亮的新房。祖父学徒时，浑身是师傅管教的烙铁印；父亲走江湖，风风雨雨历尽人世坎坷。而他二十多年就镇守在家，凭一手绝技招引八方锡客。他的幸福生活，就是这样一槌一槌敲出来的。

徐氏锡壶，一醒一醉，醒的是茶壶，醉的是酒壶。酒壶是全锡打制。茶壶则是取紫砂壶，去其原盖儿原嘴儿，换上锡盖儿锡嘴儿。金泥相合，浑然天成，一壶双色，别有格韵。

一把锡壶打出来，大致要过化锡、压板、下料、成形、打磨几个关口。化锡之时，一柄铁勺，下边炉火纯青，上面锡波闪烁，似一泓月亮的湖泊，又如荷叶上滚动的晨露。锡匠双目凝神，他在观察火候。锡色晶亮，星花点点，正是倒锡的最佳时机。待锡色发黄或发紫，那就是熬过了。然后是压板，行话叫倒叶子。贴了毛边纸的滑石板上，一根棉绳摆出一个 U 字形，再压上另一块滑石板。右脚踩住两块石板的一边，左手微微扳起上层那块，右手翻勺将锡水从两块石板的开口徐徐注入，溢满石板紧压的棉绳“U”字为止。几分钟后，石板打开，棉绳抽去，一叶香气灼人的锡片被锡匠啪一声摔在脚边，像刚烙熟的大饼。锡片的厚薄取决于棉绳的粗细，而厚薄的均匀全凭手脚的感觉。如果一张锡片厚薄不均，就要返工回炉。压锡片要用滑石板，是因为滑石不吸潮，热锡倒入时平静安然。等锡片完全冷却，依照样子剪出所需的备件，这叫下料。接着就是锤打成形的过程。铁砧木槌，哒哒声碎，锡片在灵巧的手上柔若无骨，几番变化，渐渐看出大模样。槌形最见匠心和技巧，漂亮不漂亮，就看这一关过得怎么样了。心里所出，手里所成，心手合一，你想什么花样就出什么花样。不过，别看柔锡如水，遇上用力不匀的击砸，就会出现裂纹，让你前功尽弃。哒哒哒哒，哒哒哒哒，槌声时高时低，时疾时缓，听来清脆踏实，像山道上的马蹄。形象完毕，一遍遍的打磨开始了。这是粗糙向精致的过渡，相当于一篇文章的修饰润色。大锉，小锉，粗砂，细砂，之间还有一把飞快的削刀。锡屑阵阵，如雪飘落，直至壶面平如镜，滑如冰。最后，拿一根一根节骨草——也叫木贼，蘸着清水，来回地擦拭，擦拭，擦拭。锡壶的光亮，一丝丝地露出来了，一点点地显出来了，一层层地透出来了，从指缝里，一股股地流出来了，锡壶的光亮！一掬劳动的血汗，一缕艺术的光泽！

打一把茶壶，一天的工夫就没了。而打一套酒具，则要耗时七日。

徐锡匠天资聪慧。手艺传到他手上，有了许多的独创。他拿出一套酒具，满月锃亮的锡盘之上，六只雕花小锡杯围绕一把细腰葫芦般的玲珑锡壶。提壶在手，果然姿形优美，态象典雅。瞧那线条，那弧度！高扬的壶嘴儿弯垂的壶把儿旁逸两侧，长袖舒展，歌舞流畅，好一个皎皎嫦娥的幻影。无须斟酌，无须三杯两盏，只看一眼就令你醉意朦胧。这是他的得意之作，样式经过了多日的构思设计。传统风格，又透着浓郁的现代气息。“关关雎鸠，在河之洲；窈窕淑女，君子好逑。”为求得这位“窈窕淑女”，徐锡匠可谓“悠哉悠哉，辗转反侧”。吉人自有神助。这一回，美术天赋得到充分的展露，最终让他如愿以偿。此款一出，即倾倒四野，成了抢手货。一时慕者如云，络绎缤纷。这下忙坏了徐锡匠，恨不能生出三头六臂，得着那指锡成壶、说变就变的本事。一槌一槌敲敲敲，累死能做几把壶？快乐生忧愁，忧愁生异想：何不做个模具呢？对，一定要搞出个模具来。又是一段“求之不得，寤寐思服”的苦恋。三年之后，酒壶主体部分的模具研制成功。它所花费的精力，比打制一百把锡壶还要多出数倍。这是个相对标准的典范。有了它，不但节时省力，且能克服诸多手工难及的要点。徐锡匠如获至宝。

徐锡匠打锡壶，用的是高度的滇铜锡。精锡本钱贵，好壶价格高。老徐讲究品位，做就做好的，要就要，不要拉倒，宁可一把不卖，也不做差的。贪念之下，锡中掺铅，几个识得？谁人追问？但苍天有眼，风清月明看得真切。你心里想的，你手里做的，都知道，都在天平上摆着。相信了这一点，人就有了敬畏，有了良心的原则，他所行的，才都诚实。一等的材料，还要有一等的制作。徐锡匠是个极认真的人。一件锡器做成了，仔细端详端详，感觉不是十分满意，即刻投进炉中，化锡为水，从头再来。货走千里，声名在外。稍有不慎，就可能毁掉世代家传的前程，一辱没祖先，二愧对子孙，这个罪责，他自知担当不起。他在乎徐氏锡壶这个老字号，听不得别人半句笑话。工艺精，成色足，拿出门去有光彩，放在世上没遗憾。这样一把壶，煮酒可邀明月，烹茶能留故人，相执面对，于此酩酊，才不负良辰美景。真正是：春酒一夜老锡亮，秋茶三日古色新。

诚实自纯净，聪明见精巧。一个能工巧匠，首先应该是一个质朴纯真的人，混不得半点虚假。心洁方能手灵。精美之作，从来不是虚假所出。虚假是最大的愚蠢，而诚实是最大的聪明。这跟有些人的逻辑正好相反。但人所收的，必是他所种的。当收获的时候，他才不得不承认：那沉实的谷穗，都来自当初饱满的种子。

纯净之锡明媚而凝重，正如诚实的心。徐锡匠外表黑瘦，内心洁白。这是一个诚实的人，一块纯净的锡。

徐氏锡壶，不怕打量。几番擦拭，雪亮不减，跟前一站，能照出人来。

赏读

文章讲述了徐氏锡壶传人徐锡匠传承并发扬家族工匠手艺，坚持品质第一，诚信制壶的故事。徐氏锡壶取材精纯，制作精巧，传承两百年，名声在外。从化锡、压板、下料到成形、打磨，徐锡匠严把质量关，精益求精，确保老字号在自己手中继续发光。日复一日的打磨、锤炼，彰显了徐锡匠质朴纯真、诚实纯正的品质。

徐锡匠身上的工匠精神具有非凡的时代意义。于物而言，卓越的品质饱含匠人的专注和劳动的温度，在传承中使人学会珍惜劳动的价值。于人而言，劳动应有的专注和宁静可以摒弃浮躁和功利，告别粗鄙，让人沉浸在技艺精进的快乐中。于社会而言，诚实让信任重新回归到交易之中，精雕细琢、品质优良不再为利润让路，消费关系变得更加和谐。

诚实是徐氏锡壶的亮度。徐氏锡壶，不怕打量。几番擦拭，雪亮不减。用料精纯，关乎良心，全靠诚实。徐锡匠打锡壶，用的是高度的滇铜锡。精锡本钱贵，好壶价格高。徐锡匠坚信心里想的，手里做的，都在天平上摆着，所以宁可一把不卖，也不做差的。纯净之光，诚实之美，小小一件制品，足可见人性的质量。

踏实是徐氏匠人的标签。徐锡匠初学手艺之时，昼夜不停地槌打，每天深夜，老婆孩子都是枕着“哒哒”的木槌声入睡。每一次敲击，每一次打磨，都渗透着劳动的血汗，闪耀着艺术的光泽。他此后二十多年的幸福生活，就是这样一槌一槌敲出来的。

精益是百年品牌的精髓。徐锡匠是个精益求精的人。为了做一个支架，找遍村里每一棵树，最后在庄外的苹果园里寻得一截合适的木杈。一件锡器做成了，他仔细端详后感觉不是十分满意，即刻投进炉中，化锡为水，从头再来。货走千里，声名在外。他在乎“徐氏锡壶”这个老字号，听不得别人半句笑话，所以在功夫活上不会有半点马虎。工艺精，成色足，拿出门去有光彩，放在世上没遗憾。

创新是工艺进步的灵魂。徐锡匠将自己的天赋特长与传统工艺相结合，独创了一套姿形优美、态象典雅的酒具，使传统风格中透露出浓郁的现代气息。同时，他精于钻研，用三年的时间制作出了酒壶模具，不但节时省力，还克服了诸多手工难题。

诚实、踏实、精益、创新，这就是在中国历史上枝繁叶茂存在了几千年的工匠精神，这是中国匠人发展的原生力和光明性，逐步进展，在代代传承中渐渐长养成熟，在历史积淀中渐次博大精深。这是古代匠人遗传给后人的一笔丰厚遗产。

作品

一千张糖纸[1]

铁　凝

小学一年级的暑假里，我去北京外婆家做客。正是“七岁八岁讨人嫌”的年龄，外婆的四合院里到处都有我的笑闹声。加之隔壁院子一个名叫世香的女孩子跑来和我做朋友，我们两人的种种游戏更使外婆家不得安宁了。

我们在院子里跳皮筋，把青砖地跺得砰砰响；我们在枣树下的方桌上玩“抓子儿”，“羊拐”撒在桌面上一阵又一阵哗啦啦啦、哗啦啦啦；我们高举着竹竿梆枣吃，青青的枣子滚得满地都是；我们比赛着唱歌，你的声音高，我的声音就一定要高过你。外婆家一个被我称做表姑的人对我们说：“你们知道不知道什么叫累呀?”我和世香互相看看，没有名堂地笑起来——虽然这问话没有什么好笑，但我们这一笑便是没完没了，上气不接下气。是啊，什么叫累了？我们从来没有思考过累的问题。有时候听见大人说一声“喔，累死我了!”我们会觉得那是因为他们是大人呀，“累”距离我们是多么遥远啊。

当我们终于笑得不笑了，表姑又说：“世香不是有一些糖纸么，为什么你们不花些时间攒糖纸呢?”我想起世香的确让我参观过她攒的一些糖纸，那是几十张美丽的玻璃糖纸，被她

① 选自《铁凝随笔自选》（广西民族出版社 2001 版）。铁凝，1957 年生于河北赵县，作家，著有《玫瑰门》。

夹在一本薄薄的书里。可我既没有对她的糖纸产生过兴趣，也不打算重视表姑的话。表姑也是外婆的客人，她住在外婆家养病。

世香却来了兴致，她问表姑：“你为什么让我们攒糖纸呀?”表姑说糖纸攒多了可以换好东西，比方说一千张糖纸就能换一只电动狗。我和世香被表姑的话惊呆了：我们都在百货大楼见过这种新式的玩具，狗肚子里装上电池，一按开关，那毛茸茸的小狗就汪汪叫着向你走来。电动狗也许不会被今天的孩子所稀奇，但在二十多年以前，在中国玩具单调、匮乏的时候，表姑的允诺足以使我们激动很久。那该是怎样一笔财富，那该是怎样一份快乐！更何况，这财富和快乐将由我们自己的劳动换来呢。

我迫不及待地问表姑糖纸攒够了找谁去换狗，世香则细问表姑关于糖纸的花色都有什么要求。表姑说一定要透明玻璃糖纸，每一张都必须平平展展，不能有皱褶。攒够了交给表姑，然后表姑就能给我们电动狗。

一千张糖纸换一只电动狗，我和世香若要一人一只，就需要两千张糖纸。这不是一个小数目，但我们信心百倍。

从此我和世香再也不跳皮筋了，再也不梆枣吃了，再也不抓子儿了，再也不扯着嗓子比赛唱歌了。外婆的四合院安静如初了，我们已开始寻找糖纸。

当各式各样的奶糖、水果糖已被今日的孩子所厌倦时，从前的我们正对糖寄予着无限的兴趣。你的衣兜里并不是随时有糖的，糖纸——特别是包装高档奶糖的玻璃糖纸也不是到处可见。我和世香先是把零花钱都买了糖——我们的钱也仅够买几十块高级奶糖，然后我们突击吃糖，也不顾糖把嗓子齁得生疼，糖纸总算到手了呀；我们走街串巷，寻找被人遗弃在犄角旮旯的糖纸，我们会追随着一张随风飘舞的糖纸在胡同里一跑半天的；我们守候在食品店的糖果柜台前，耐心等待那些领着孩子前来买糖的大人，等待他们买糖之后剥开一块放进孩子的嘴，那时我们会飞速捡起落在地上的糖纸，或是“上海太妃”，或是“奶油咖啡”；我们还曾经参加世香一个亲戚的婚礼，婚礼上那满地糖纸令我们欣喜若狂。我们多么盼望所有的大人都在那些日子里结婚，而所有的婚礼都会邀请我们！

我们把那些皱皱巴巴的糖纸带回家，泡在脸盆里使它们舒展开来，然后一张一张贴在玻璃窗上，等待着它们干后再轻轻揭下来，糖纸平整如新。

暑假就要结束了，我和世香每人都终于攒够了一千张糖纸。在一个下午，表姑午睡起来坐着喝茶的时候，我们走到她跟前，献上了两千张糖纸。

表姑不解地问我们这是干什么，我们说狗呢，我们的电动狗呢？表姑愣了一下，接着就笑起来，笑得没完没了，上气不接下气。待她笑得不笑了，才擦着笑出的泪花说：“表姑逗着你们玩哪，嫌你们老在院子里闹，不得清静。”

世香看了我一眼，眼里满是悲愤和绝望，我觉得还有对我的藐视——毕竟，这个逗着我们玩的大人是我的表姑啊。这时我忽然有一种很累的感觉，我初次体味到大人们常说的累，原本就是胸膛里那颗心的突然加重吧。

我和世香拿回我们的糖纸来到院里，在院子门口，我把我精心“打扮”过的那一千张纸扔向天空，任它们像彩蝶一样随风飘去。

我长大了，在读了许多书识了许多字之后，每逢看见“欺骗”这个词，总是马上联想起“表姑”这个词。两个词是如此紧密地在我意识深处挨着，岁月的流逝也不曾将它们彻底分离，让我相信大人轻易之间就能够深深伤害孩子，而那深深的伤害会永远地藏进孩子的记忆。

孩子是可以批评的，孩子是可以责怪的，但孩子是不可以欺骗的，欺骗本是最深重的伤害。

我们已经长大成人，可所有的大人不都是从孩童时代走来么？

赏读

铁凝女士是中华人民共和国成立后继茅盾、巴金之后第三位中国作协主席。其创作侧重于小说、散文和电影文学剧本。《铁凝散文精品赏析》这样推荐她的散文：“生活气息浓郁，文字中饱含对生活的情意，坦诚以及时不时冒出来的俏皮取代了穿透与悲悯，而同时又时不时地能带给读者猝不及防的精彩与撞击。”《一千张糖纸》正是这样的文字。

当我们随两个小女孩从表姑口中得知，一千张糖纸可以换一只电动玩具狗时，也同她们一样好奇，“糖纸攒够了找谁去换”，“糖纸的花色都有什么要求”；当我们伴着“我”和世香费心费力去攒一千张糖纸时，也不禁跟着她们憧憬那只电动玩具狗的模样，预先体味换到玩具时的兴奋。不成想，所有的努力和付出，特别是目标要达到时，表姑先是“不解”，接着是“愣了一下”，说是在“逗着你们玩”，此时的读者也感觉被表姑欺骗了，来了一记猝不及防的撞击。

“孩子是可以批评的，孩子是可以责怪的，但孩子是不可以欺骗的，欺骗本是最深重的伤害。”此乃铁凝散文的特色。在每件事的背后，在每个人物处事的背后，都隐含着作者对生活对人生的思考与体悟，感性与理性齐放。这是一篇关于欺骗的文章，也是一篇成人如何对待孩子的文章。欺骗是对人的愚弄，愚弄人的努力，愚弄人的尊严，这是连小孩都懂得的道理，可是很多成人却不觉。当我们倡导承诺践诺时，欺骗却一次又一次抄小道、走捷径地伤害人。我们看过太多的轻诺于人，等来的是镜花水月。即使许给自己的诺言，亦有不能践行而淡然处之者。君不见，很多人善于给自己定下诸多计划，计划几点起，计划几点做什么。可是到了兑现的时候，都已忘却。这不是对自己的欺骗吗?

对自己做了坏事，能主动原谅，对别人做了坏事，惭愧惶悚，欺骗算是其中一件。这是人的社会属性所决定的。可是，对儿童的欺骗不在此列。孩子哭闹，大人最常说的是“哄孩子”，哄即有骗之义。文中的表姑不也是为了孩子不要闹腾而编出糖纸换玩具的谎话吗?这就关涉如何对待儿童的问题了。在许多成年人的观念里，对儿童的伤害不算是伤害，儿童的要求与大人的要求一致时，方才能够得到满足。大人体会不到儿童对新事物的好奇与激动。“表姑的允诺足以使我们激动很久。那该是怎样一笔财富，那该是怎样一份快乐！更何况，这财富和快乐将由我们自己的劳动换来呢。”不从孩子眼光去看世界，而是从自己的视角去想孩子，表姑的目的很简单，让孩子们安静。殊不知，游戏闹腾正是孩子的天性。

常言道，孩子的世界是纯净的。纯净即没有杂质、没有污染。杂质和污染来自何所?成人世界也。“欺骗本是最深重的伤害”，可是大人却视若当然，说明欺骗成了成人世界的通行证，甚至于丝毫不认为这是恶行。文章最后一句是震撼一问：“我们已经长大成人，可所有的大人不都是从孩童时代走来么?”儿童的世界没有欺骗，只有说到做到，当一个孩子不再然诺，当一个孩子欺骗别人不再脸红时，这个孩子就已经可悲地长大了。

这篇文章之所以让读者跟着两个小女孩的行为和思维走，不仅在于其真情实感，还在于作者的笔法。小说家写散文，常常会用到小说笔法。张洁的《捡麦穗》即为一例，此文亦如是。此处的小说笔法当非指虚构，而是叙事，比如人物的动作语言描写推动故事的发展，又比如叙事的详略引导读者该看什么不看什么。文章前面叙述两人的游戏时，为了突出如何闹得不得安宁，专辟一段，运用排比，将“我们”的闹腾事一一罗列，“砰砰响”“哗啦啦啦”更是将闹腾的声音具象化。此为表姑的“计策”埋伏笔。又如对糖纸的搜觅，亦是详写，详写其得来之不易，更能让读者体会到最后希望落空之沉重。而“我们”的种种努力，换来的是轻描淡写的回答，难怪年幼的“我”突然明白了累的含义，“原本就是胸膛里那颗心的突然加重吧”。在作者的叙事详略中，在作者的叙述与心理描写并重中，我们体会到了两个小女孩内心的悲欢起落。

作品

生命戒律·不要说谎[①]

韩春旭

“说谎”是可恶和丑陋的。我相信，任何一位正常的父母亲都不会允许孩子撒谎。哪怕仅仅是三岁，纯洁但已有了自我思索的孩子。任何人都不会宽容地允许自己的亲人、爱人、朋友、同事用谎言与自己交流、相触。任何人都会知道这是人所应遵循的最基本的生活准则。

然而，不能不说在中国的今天，“说谎”已成为许多人生活的常态，并已无形中成为社会不言而喻的赞同。无论其强度是温和、中度还是猛烈。

销售领域的一些小商小贩们，可以将价值几十元的商品，标价几百元，甚至上千元。如果你没有足够的智商，你就会瞬间被宰杀得干干净净，他还会笑你“傻蛋”。

生产领域的一些大小制造商们，假冒绿色食品，投其所好不择手段，用苏丹红制造红心鸭蛋，用硫黄熏木耳，用皮带做牛奶，如果你没有足够的常识，你就会在这漫不经心的消费中，身体一点点地被浸上癌的病素。

本是神圣的教育领域，国家三令五申，不许这，不许那，但你非要进好一点的小学、中学、大学，读研，那你就要深知

① 选自《广西文学》（2008 年 1 期），有改动。韩春旭，北京人，著有《背对命运的独白》《唯美散步》。

这里的游戏规则。暗藏的名义赞助费，让一些贪婪的老师们到处游山玩水，仁德、师德已全部融化在钱的意义里。

更不要说本是人道主义的卫生领域，病人早已成为一些医生的猎物。在他们眼里，病人就是赚钱的机器，无论你得再小的病，也要让你检查、验血、拍片、照CT，不从你身上赚足了钱，那叫没完。而后，他会口口声声道貌岸然地说："不检查，怎么知道你有什么病呢!"

以至理想而浪漫的艺术领域里，盗版的书，录像带、CD、VCD，充盈市场。就是某个大牌的出版社，一本书明明再版，他也会堂而皇之地说："市场的销售并不理想，我们等待机会看是否还能再版。"

在这里，我们不能不提到因与果的关系。无论你在哪个领域，你都不是一个脱离社会，在真空中生活的人。我们所做、所说、所想的一切事情，都会不可避免地产生混合的后果。一个被伤害的病人，可能就是让你吃红心鸭蛋的制造商。一个被伤害的求学的孩子，将来可能就是折腾你死去活来的白衣天使。请相信，任何对他人心怀谎言，或者最隐秘的恶意，对侵害他人的恶行最轻微的纵容，最终都会因为自己置身在这空间中而最终受到无名和痛苦的自我伤害。这是绝对的自然法则，中国人似乎需要重新知道这一点，和学会始终铭记这一点。

什么是诚实？当一个人的言语与他讲述的事实相符合，这就是诚实的。印度的《瑜伽经》上说："当一个人不再说谎时，便获得了为自己和他人带来善行的福报的能力。"这也就是说，诚实是任何一个人生命的基础。

当你内心散发着诚实，在说话中，在行为中，在生命中，在一切之中，诚实地面对自己，面对家人，面对朋友，面对陌生的人，这会给你带来最纯洁的生命力量。你的脸上一定不会纵横着皱纹，你的眼睛一定不会散发着浑浊的目光，你的脚步一定不会彷徨不定，诚实一定回报给你的是明朗、纯真、健康、欢乐和美丽。

当一个人达到完美的诚实时，可以说，他就掌握了真理。他不必再"服从"事实，而是事实得顺从他。他不可能想到甚至梦到谎言，他说的一切都变得真实。如他祝福某人，那人就有福了，无论这祝福他是否应得，换句话说："他只要真诚地对患者说一句你会好起来，就能不可思议地治愈疾病。"

诚实让人心生欢喜，不仅更爱自己，也将爱流向需要爱的人，需要照顾的人。诚实就是世上需要共同创造共享的天堂。

据我所知，莎士比亚是 Avadhoota，意思是一个不会有毁灭性坏习惯的人。诚实，对于每一个中国人来说，并不是高不可攀的道德标准，不要在共同的谎言中共同迎来毁灭，先让自己成为诚实之人吧！然后我们共同以诚实之心走向共同需要的人性境界。

最后，我仍要回到文章最初的话题，所有的宗教都提倡道德，有着共同的伦理原则。无论一个人是否信仰某种宗教，或者就是一个无神论者，服从伦理法则都是每一个人应尽的责任。神奇的道德法则，为遵守它的人带来兴旺，为服从它的家庭带来庇护，为尊崇它的社会带来昌盛，为“以德治国”的民众带来生命真正需要的幸福与和平。

只要是人，生命中的每一刻都应该充满着向往真理和自我不断完善的精神和行动。

赏读

文章开宗明义，表明对说谎的态度和观点——不说谎是人所遵循的基本生活准则；然后从各个方面说明“说谎”如何已经成为许多人生活的常态，在销售领域、生产领域、教育领域、卫生领域、艺术领域等几乎人类生活的各个领域都存在着说谎的现象，表明谎言已经攻陷了人类全部生活领域，然后顺理成章地引出另一个重要概念——诚实，分别从诚实的定义、表现、作用、意义等角度来展开分析论证；最后站在宗教和伦理法则的角度，提出了解决说谎这一问题的基本方法。其写作思路和逻辑是相当清晰明确的。

那么，什么是说谎？文章没有给出明确的定义，但这是我们思考的基础。我们认为说谎是为了隐瞒事实真相、掩饰自己的过错、躲避惩罚的不良行为。说谎在佛门被称为妄语，是指人故意将自己认为是真实的事情说成不真实的给受骗者听，让“不存在的事”令听众相信是“存在的事”；又或者真实存在的事，故意说成其是不存在的。说谎与人生几乎全程伴生，人类一方面深恶痛绝之，一方面又对此斩不断理还乱。撒谎在最初一定会给你带来利益，但终有一天你会付出远比当初的利益昂贵得多的代价。说谎害人害己，其坏处是显而易见的：经常说谎的人，心理上会产生障碍，至少难以与人沟通。说谎还会误时误事，失去同事、朋友、家人的信任。最可怕的是容易养成撒谎的习惯。因为一个谎言需要无数个谎言去圆，所以会形成一个谎言接一个谎言的怪圈，最后连自己都被欺骗了。

文中从佛教的因与果的关系来分析论证说谎的后果，最让人触目惊心、冷汗浃背。“一个被伤害的病人，可能就是让你吃红心鸭蛋的制造商。一个被伤害的求学的孩子，将来可能就是折腾你死去活来的白衣天使。请相信，任何对他人心怀谎言，或者最隐秘的恶意，对侵害他人的恶行最轻微的纵容，最终都会因为自己置身在这空间中而最终受到无名和痛苦的自我伤害。”这不是耸人听闻，而是基于现实的合理推断。今天的每一个谎言受害者，可能就是明天谎言的施行者，假作真时真亦假，劣币驱逐良币，人生代代无穷已，这才是谎言为什么屡禁不绝的根本原因。宗教给了我们观察的视角，也给予我们观照一个现象的高度。

世界总是矛盾对立的统一，有谎言，就有诚信。什么是诚信？诚信就是真诚、诚实，守信重诺。诚与信是分不开的，只有诚实可靠才能取信于人。作者在最后从宗教和伦理的高度来谈诚信的可行性，其实除了这个，世俗的规则也对诚信的回归给予了保障，比如法律法规的设立。诚信是一轮朗耀的明月，唯有与高处的皎洁对视，才能沉淀出对待性命的真正态度。诚信，如一把钥匙，打开你我心中那扇门上的锁，让我们敞开心扉，沐浴那友谊的阳光。如果春天没有七彩的阳光，就不会有蝴蝶的满山翻飞；如果人间没有诚信，那就是一个苍凉而荒芜的世界。

谎言可能永远禁而不绝，但人间也从来不缺少诚信良知。但愿这个世界少一些谎言、谎话，多一些风清气正的诚实。

作品

赤兔之死①

蒋昕捷

建安二十六年，公元221年，关羽走麦城，兵败遭擒，拒降，为孙权所害。其坐骑赤兔马为孙权赐予马忠。一日，马忠上表：赤兔马绝食数日，不久将亡。孙权大惊，急访江东名士伯喜。此人乃伯乐之后，人言其精通马语。

马忠引伯喜回府，至槽间，但见赤兔马伏于地，哀嘶不止。众人不解，惟伯喜知之。伯喜遣散诸人，抚其背叹道："昔日曹操做《龟虽寿》，'老骥伏枥，志在千里。烈士暮年，壮心不已'，吾深知君念关将军之恩，欲从之于地下。然当日吕奉先白门楼殒命，亦未见君如此相依，为何今日这等轻生，岂不负君千里之志哉？"

赤兔马哀嘶一声，叹道："予尝闻，'鸟之将死，其鸣也哀；人之将死，其言也善。'今幸遇先生，吾可将肺腑之言相告。吾生于西凉，后为董卓所获，此人飞扬跋扈，杀少帝，卧龙床，实为汉贼，吾深恨之。"

伯喜点头，曰："后闻李儒献计，将君赠予吕布，吕布乃天下第一勇将，众皆言，'人中吕布，马中赤兔。'想来当不负君之志也。"

赤兔马叹曰："公言差矣。吕布此人最是无信，为荣华而

① 选自《微型小说鉴赏辞典》（上海辞书出版社2016版）。

杀丁原，为美色而刺董卓，投刘备而夺其徐州，结袁术而斩其婚使。‘人无信不立’，与此等无诚信之人齐名，实为吾平生之大耻！后吾归于曹操，其手下虽猛将如云，却无人可称英雄。吾恐今生只辱于奴隶人之手，骈死于槽枥之间。后曹操将吾赠予关将军；吾曾于虎牢关前见其武勇，白门楼上见其恩义，仰慕已久。关将军见吾亦大喜，拜谢曹操。操问何故如此，关将军答曰：‘吾知此马日行千里，今幸得之，他日若知兄长下落，可一日而得见矣。’其人诚信如此。常言道：‘鸟随鸾凤飞腾远，人伴贤良品质高。’吾敢不以死相报乎？”

伯喜闻之，叹曰：“人皆言关将军乃诚信之士，今日所闻，果真如此。”

赤兔马泣曰：“吾尝慕不食周粟之伯夷、叔齐之高义。玉可碎而不可损其白，竹可破而不可毁其节。士为知己而死，人因诚信而存，吾安肯食吴粟而苟活于世间？”言罢，伏地而亡。

伯喜放声痛哭，曰：“物犹如此，人何以堪？”后奏于孙权。权闻之亦泣：“吾不知云长诚信如此，今此忠义之士为吾所害，吾有何面目见天下苍生？”

后孙权传旨，将关羽父子并赤兔马厚葬。

赏读

以一篇《赤兔之死》赢得高考作文满分的蒋昕捷，当年是南京第十三中学中理科班的学生，用“一篇文章动天下”来形容该文的作者，殊不为过。

作者用熟谙的三国故事为基础，编撰了赤兔马为诚信而殒身的感人故事，突出了“真英雄必讲诚信”的主题，并抒写了人生当择善而从、唯诚信是瞻的志向，使文章立意更上一层楼，更难能可贵的是整篇文章用纯熟的古白话，明白晓畅，语言老到。

《赤兔之死》的精辟处之一，即是以历史典故为论据。我们都知道，史是最宝贵的“鉴”。赤兔马是红枣色的兔子头型马，它高大雄健，浑身毛如烈焰，日奔千里，夜行八百。在三国故事中，它本是董卓的坐骑，为笼络吕布，董卓割爱让给吕布。然而自负的吕布被曹操所杀后，曹操将马占为己有。曹操因爱惜关羽，将马匹又送给关羽。关羽与赤兔马一见倾心，于是关羽与赤兔马便结下不解之缘。至关羽败走麦城，赤兔马归吴。

该文层层铺垫，卒章显志。董卓这厮着实可恨，此第一层铺垫；吕布这厮枉称英雄，此第二层铺垫；曹营猛将如云，亦无人可称英雄，何人可称英雄，此为第三层铺垫。诚信之人方称英雄，云遮雾罩此时洞开；伯夷叔齐之义，玉之白，竹之节，铺陈类比，主题愈显厚重；伯喜之哭，孙权之痛，赤兔之亡，诚信何其感人！

作者善于驾驭词语，用词精简但是很贴切、形象而生动。他描写马时，着重于状态及动作的描写，以状态动作的描写来诠释马的思想的深邃。例如，作者在文章中使用到了“哀嘶”“叹”“泣”等词。在描写伯喜的感情思想时用了“抚其背叹道”“放声痛哭”等，这些词简单，但是形象深刻。本文拟人手法的运用也是一大看点，本是枯燥的史事，但是作者却运用了马与人的精彩对话，借马之口，亮出自己的观点，可谓形神兼具。另外，这种人与马之间的对话，也避免了横铺直叙的俗套，让人眼前一亮。作者不仅熟读了《三国演义》，而且语文书中的许多文言课文，也熟烂于胸。博读强记、融会贯通是素质的体现，比写作技巧更具价值。

商品社会的特质使“诚信”的问题变得异常敏感和尖锐，几乎每个人每天的生活都会遇到“利益”和“诚信”的矛盾。商业运作中有，职场奋斗中有，家庭生活中有，情感婚姻中有……可以说俯拾皆是。在这样的情况下，善于观察的学生，完全可以借助现实生活的经历选取题材来写作文。完全取材文学名著，不能说是最佳选择。除想象丰富、结构紧凑等优点外，作者于有根有据的历史传说中编撰出合情、合理的有趣故事，用这些故事和传说揭示出自己和古人对“诚信”的理解，其写法着实巧妙有趣。

切磋琢磨

1. 生活在互联网时代的我们，只能通过余秋雨的文字了解曾经存在过的“信客”。今天，我们接触更多的是“快递小哥”。无论是信客还是快递小哥，其实都是以“信任”为基础。就此话题，聊聊“诚信”是如何让我们的网购变得放心的。

2. 2016 年，“工匠精神”曾入选年度十大流行语。有人说，工匠精神就是精益求精的品质精神；也有人说，工匠精神实为用户至上的服务精神；还有人说，工匠精神是追求卓越的创造精神……读了《诚实的亮度——

一个锡匠的故事》一文，对于工匠精神，你有什么所见、所闻、所思？

3. 铁凝的《一千张糖纸》讲述了一个“美梦成假”的悲伤故事。文章末尾，作者带着沉痛而悲愤的语气说道：“孩子是可以批评的，孩子是可以责怪的，但孩子是不可以欺骗的，欺骗本是最深重的伤害。”你对此有什么体会或思考？结合你所知道的故事谈一谈。

4.《生命戒律·不要说谎》一文，为我们介绍其中一条生命戒律。生命中其实还有很多戒律，但这些戒律没有标准答案，都是人生经历的总结或观察思考的结果。在你的成长历程中，一定也有很多感悟或思考，总结或提炼出一条“生命戒律”写成文章。

5.《赤兔之死》是 2001 年轰动一时的高考满分作文，谈谈这篇满分作文给你的写作启发。

以诚立信

◇ 铜钵盂：侨批局演义（节选）　郭小东

◇ 借钱的境界　余光中

◇ 诚信、信任和人的尊严　周国平

◇ 老鞋匠　祝小兔

◇ 信赖无价　叶延滨

◇ 信用解码　王跃文

◇ 诚信是金　柳千岸

导读

相较于前面几部分而言，本部分的内容具有一定的复杂性。这种复杂性一方面体现在相关作品涉及的体裁、主题都较为丰富、多元，与当下的许多热点话题、社会现象联系十分紧密；另一方面，本部分作品从现象、话题入手，又不乏对文化、历史的凝视，总体来说搭建了一个以“诚信”为轴心的思考、议论空间，有较强的思辨性和批判性，这就需要在阅读分析的时候，注意以辩证的、客观的，同时又是发展的、开放的视角态度来切入作品，并思考“诚信”这一命题在不同情境、主题中的深刻内涵。

《借钱的境界》以黑色幽默和反讽的笔法道出了“借”与“还”之间的微妙，表现了所谓“善意”在人际关系中的一种窘境，这又何尝不是“诚信”在中国遭遇的一种文化困境呢？《诚信、信任和人的尊严》则道出了“诚信”的价值核心在于“尊重”，对人对己的尊重，对规则制度的尊重。一个守信的人同时必定是一个自爱自尊的人，因此才能给予别人诚实和尊重，反之，丧失了“信任感”的社会，每一个人的“安全感”和“尊严感”都在下降。《老鞋匠》则展现出当下热议的“匠人精神”与“诚信”的交集……

虽然这些作品引出了许多社会热点话题，也从不同的角度丰富、拓展了“诚信”的内涵，但它们的共同点是，试图在深入挖掘和重新阐释传统文化的基础上，去探讨“诚信”的当代价值以及遭遇的困境。无论作者的基调是批判抑或肯定，其重点在于，谈论“诚信”的当代境遇，我们必须首先正视自身的历史和文化，既看到传统文化中有着重“诚信”的向阳面，也看到人性中难以回避的“劣根性”、人际博弈中“巧伪”的弊病，因此意识到加强诚信建设，仅仅依靠个体乃至群体的道德意识的提升是不够的，关键还在于制度化的进一步完善、健全。在多元价值观交织、碰撞的当下，“诚信”作为一种精神文明指向、一种核心价值理念，的确需要我们从思想层面上给予重视、舆论层面上加强宣传，但要将“诚信”真正融入社会生活当中，必须兼具法律制度上的“硬”和道德教化上的“软”，把道德伦理的柔性规范与制度法律的刚性约束紧密结合。

在看过不同作家对“诚信”的多维阐释之后，我们需要培养自己独立和理性的关于“诚信”的思考，“诚信”在我们的学习和生活中又意味着什么呢？在校园生活中，怎样去发掘和践行“诚信”的理念呢？这都是需要持续深入思考的。首先，我们不能继续充当随波逐流的“沉默的大多数”，要勇于对不诚信的观念、行为说“不”；其次，警惕成为“厚黑学”、投机主义的信徒，对于当下社会上正盛行的一些对“特权”“捷径”趋之若鹜的风气，要加以批判，培养诚实、踏实的实干思想；最后，要重视我们自己的历史文化资源，以史为鉴，进一步理解、思考“诚信”的内涵，传统文化中有光辉灿烂的一面，也必然有不尽如人意的灰色地带，勇于自我观照、自我反省的民族才能进步。也许在未来，“诚信”将不仅仅作为一种美德，而更应该成为一种文明的力量，使我们以不败之姿巍然屹立于世界民族之林。

作品

铜钵盂：侨批局演义（节选）①

郭小东

我虽然在外漂泊多年，但经母亲说起，对马伯还是有印象的。我小时候，马伯正当壮年，每到月尾，外祖母便会自言自语地念叨：“‘走水马’怎么还不来呢?”我们都知道外祖母在等番批。自从 1949 年土改之后，番批不能从泰国直接进来，水客们只能经香港中转，先在南洋收批，或携带批银，或把批银购物，都是香港或内地紧缺的物资，然后在香港兑现，既赚了一点利润，又保证批银的安全。批封在香港中转回内地，由内地的走水在口岸接应，再分发回批馆，批脚们送递完批封之后，收集好回批，又从口岸递送到香港，再由水客送回南洋等地。

外祖母每月会收到一份大约一千银圆的批封，是由外祖父的兄弟公司经香港船务公司中转而来。这是自外祖父去世之后，公司给外祖母的俸银，年底还有分红及礼金，这些银两到外祖母去世才终止。外祖母 1949 年 48 岁时守寡，又活了 50 年，在 98 岁上去世。她每月一千银圆的俸银 50 年汇寄不变，只是后来兑换成等量的港币，再后来又兑换成美元。依当时汇

① 选自《铜钵盂：侨批局演义》（花城出版社 2017 年版）。郭小东，生于 1951 年，广东潮阳人，一级作家，广东省作家协会副主席。著有《中国知青部落》《青年流放者》《暗夜舞蹈》等。

率兑换，几十年间分毫不差。这笔巨款滋养了以外祖母为中心的庞大家族，使这个家族在非常年月中不至于沦落。

外祖母去世时，她留下来的财富，就是数以千计的侨批原件和一座几成空壳的庞大屋厝光德里。光德里在外祖母去世之后日渐荒芜，其中的马氏家祠已经坍塌了屋顶，两旁的驷马拖车及后库也已不堪风吹雨打。

马伯是外祖母指定的走水。

我本以为“走水”是马伯的名号，后来才知走水就是水客，是一种职业。对马伯便油然而生敬慕。行过乌水的人，是我崇拜的对象。从他们口中流出来的故事不同凡响。

多年以后，人们已经忘记校场上处决乱党这一幕。有日，马伯良在送批歇息的旅馆中，闲来无事，在糊墙的陈年报纸上，读到一则多年前的旧闻。那是一张光绪三十三年（1907 年）八月初一的《岭东日报》，在“著匪被获”的大标题下，写道：

> 揭属洋厦乡林惠卿者，悬赏缉拿之著匪也。近日由外洋潜回，因意盗卖其祖坟墓石，被该族人某知觉，执之。其子某往视，又执之。适为吴镇军部属方某所闻，即率勇至该乡责成该族，将该匪父子交出。该匪父子，现既解郡，经吴镇军请省宪示办。闻省宪随复电着潮州府李太尊，将林惠卿父子，并张线球，各提案讯究县报。

马伯良 7 岁时目睹此事，深刻而终生不忘，唯其血腥，已深入骨髓。这节旧闻，说的正是当年事件的某一细节。此时的马伯良，已是一个二十几岁的青年批脚，也行过了乌水，去过几趟南洋，阅历无数艰险。虽报纸并未说明该乱党父子结局如何，但可想而知。他心中想的却是，这林惠卿其子，言中似像当年刑场所见人犯中之少年。虽然非亲非故，这一夜马伯良却长夜难眠。个中缘故，他自己也不清楚。只觉得人们杀来杀去，让人费解。

红衣红裤红头巾的刽子手还在乱党少年身后跳跃，以各种姿势，挥舞大刀，人群中突然爆发一片沉闷的惊叫！马伯良记得很清楚，刚才还听那少年在哭喊：“我不欲死！”那细声细气的哭喊，声音跟郑婶无异。大刀落下时，少年的脑袋在地上滚了几滚，立地生根似的伫立在那儿，像从地里长出人头似的。血从少年的脖颈处，喷向天空，几尺高的血柱，在风中像雾一般散开，红了半个校场的天空。

杀人者着全身红衣红裤红头巾，而被杀者的鲜血也溅红了眼前的土地。马伯良从此对红色有着一种天然的恐惧，以至于父亲在他出南洋当水客时，给了他一条红格子的水布，他十分惶恐，连忙跟同船的水客，换成蓝格子的。他连红色的食物或酒水都难以下咽。有人用红色的批封，他会下意识地用白纸包起，送达时方才解出。那少年苍白无助的泪脸和鲜红的血，多年来如影随形。在旅次的客栈中，有时他会半夜突然惊醒，顿感无边的冷寂，冷寂中似有厉鬼在跳跃，在喷血。第二天他便全身乏力，诸事不顺，不是歪了脚踝，便是行差踏错，跌倒平地，有时竟在熟门熟路的街巷中，找不到送批的门楼，如厉鬼在身。他老是听到少年"我不欲死!"的稚嫩又凄厉的哭喊。

丁未起事之后，乡间愈不太平。三合会从地上隐入地下。此时马伯良年方7岁，并无印象。可是，刑场斩首一幕，却影响了马伯良一生。他活了95岁，那场面跟踪了他八十余年。晚年时与郭同志谈起此事，他依然心有余悸。照理说，他7岁以后经历诸事，有的比那场面更为血腥，马伯良却大多遗忘，唯独此记忆，如鬼魂附体，至死也不愿消失。关于那个15岁孩子被作为乱党处死，民间流传着多种说法，有说他并不是某乱党之子，也非乱党的同党，而是因为被人剪了发辫，孩子没了发辫，犯下大罪，清廷便把他当作乱党捕获，与乱党一并斩了。

又传说在光绪年间，乡间盛行一种叫"叫魂"的妖术。这种妖术源于乾隆盛世，影响了当时南北十二个省份的社会生活，特别流行于南方各省。从乡村到城市府第，均受到"叫魂"的波及。术士们通过获取受害人的名字、毛发或衣物，进行作法，便可使其生病，甚至死去。这种俗称"叫魂"的妖术，与流传民间已久的所谓"作蛊"略同，其实是同一回事。所以，剪人发辫这种犯清廷天条的恶行，和"叫魂"关联在一起，罪行就更为严重，剪人者和被剪者都很容易同样入罪。革命党是主张剪去辫子的。

乾隆盛世时的"叫魂"曾经酿成一个波及全国的案事。但它的背后却是朝廷对暴民作乱的一种镇压口实。自乾隆以后，叫魂之术时断时续，至少在1810年和1876年又大规模地发生过两次。它始终没有绝迹且在民间死灰复燃。

那个15岁孩子，之所以被斩首，是否与"叫魂"有关？包括光绪三十三年，马伯良目睹的那场行刑，究是"叫魂"之案，还是丁未谋反？马伯良难以断言。那毕竟是一个7岁孩子的记忆。

马伯良记忆现场的真实性，无可置疑。而记忆中事件的真相，却有诸多解释的可能。

在汕头开埠以来的几百年间，这样的记忆现象举不胜举。不过，记忆的错乱总是有深远叵测的原因，历史也因此变得诡异。

又有一说那少年是一个新科批脚，他经手的第一封批银，便是丁未起事的海外筹饷。他顺利地送出批银，却在丁未起事失败之后，让被俘的同党供出他送批的事实。而这少年自己并不知所送之批银正是海外的筹饷，他送出的第一个批封，夺去了他的生命。

那是一件有十万银圆的批封。

这笔巨大的钱款，按常理应该分成若干批封才对，也不应该由一家批馆来承办。所以说少年送出了十万巨款的批封，不足为信。

因送批而致死命之事，百年间无一例。而偏偏让少年碰到，也未可知。

成年之后的马伯良，也当了批脚，传说中批脚少年的下场，是马伯良一生的噩梦。

马伯良在讲述这些的时候，已经老得口齿不清，兔死狐悲的伤感，使这童年记忆永远沉沦于心，成为一个批脚的心病。

十万批银和少年批脚的故事，终生在马伯心头牵绕纠缠。他不是一个侦探，也非历史学家。可是 7 岁的那次目睹以及乡间屡屡的传说，特别是少年和批脚搭上了身份，少年惨死前的一幕，时时在惊扰马伯的人生。传说越多，他记忆中的少年乱党就越是真切。传说中的每一细节，都丰富了那林姓少年（马伯已认定了《岭东日报》中那则旧闻所说的人物，正是他目睹的林姓父子）就义的因由与故事。马伯自己便也主动地进入传说，他是最有资格成为传说中的人物的。他此生是注定与这个少年乱党结缘了。

自从在旅馆墙上读到《岭东日报》之后，马伯下意识地关心每一片字纸，也养成了读报的习惯，他是他们那一代批脚中，最有学问和学养的。在 20 世纪初年的批脚队伍中，马伯极有可能是一个特例。虽说批脚都必粗通文墨，否则，连批封都看不懂，门都没有。而自 18 世纪以降，潮汕乡间大量家庙私塾书院的兴起，民间教化大盛，以宗族宗亲为乡村建设体系的古旧潮汕，旧学新学、传统现代之互相穿插，同谋共荣的状况，实在并不鲜见。像马伯这样，当过水客，往来于东南亚潮汕之间，出过洋却又浸淫于民间底层的水客批脚，是潮汕封闭的社会生活中的鲇鱼。

那天郭同志陪马伯在小巷中散步，水沟里有几块老屋的地砖，那是八角形、五公分厚的老砖。据说这些明清老砖，是用糯米和三合土夯成烧制的，用锤子砸，也只是砸出个白印。马伯便去捞砖，坚持要带回光德里，砖很重，每块有十斤八斤。郭同志只好自己去搬，搬了三四回。马伯很满意。

马伯至今都穿着大裆裤，随便拧出两头，打个结束腰，无须裤腰带的那种。郭同志说马伯全身上下都是博物馆。

郭夫人说，自从郭同志和马伯在一起，半年多来，郭同志老成持重了许多，似乎老成了好几年，至少十年以上。有时说话，自然而然地半文不白起来，真是近朱者赤，风雅了不少。

郭同志说，马伯那代人自然平朴的日常生活做派，便是今日人们追之莫及的风雅。这种感受，别人难以理喻。郭夫人表示赞同：那时的人们，有那么多的礼节，虽然繁缛，可也表示相互之间敬畏敬重的厚重。人是不能生活得太随便、太放纵的。

郭同志有些吃惊，马伯也常常这样说，人一放纵，就没了伦理，没了天条，也便轻薄轻贱。

在马伯的最后岁月里，郭同志似乎已经无力牵住马伯的思路。马伯在郭同志眼中，是一匹无法驾驭的野马。尽管马伯依然是那样温雅，或者说这种温雅和光德里空荡荡的老屋一样，像老屋屋脊上随风摇曳的衰草，以及衰草上瘦弱枯萎却又柔韧的草叶，努力向天空，向四面吹散的风，传送着最后的果实。那些细如草芥的果实在风中飞翔时的样子，就非常的温雅。它们代表着一种顽强，却又表达着一种无力抵达的遗憾。

马伯此刻的心情就是如此。他有些喘息地说着一些话，这些话与 1907 年的场景非常吻合，尽管郭同志对 1907 年的那场血案，血案所包裹着的时间以及气氛一无所知，仅限于一种干枯的来自书页的历史叙述。那种历史，也与马伯的口述大相径庭。或者说那是一种关于概念的肯定，关于革命英雄主义的虚无描述，剥去表面的历史想象之后，真相便所剩无几。特别是在马伯的纪略之中，真相显得惨酷同时失却了逻辑的规范。

马伯并不意会郭同志的目的及动机，他全然沉浸在另外一种境界中，仿佛回到少年，回到一个令人不可理喻的年代。那个年代只有十五岁，于马伯而言，一个只有十五岁的年代，幼稚野蛮得不可思议。

在一个十五岁孩子眼中，世界是什么样子？没有好坏，没有对错，更没有善恶。而世界在一瞬间，却把一切没有的东西，以血淋淋的方式，呈现在孩子面前。用罪恶的鲜血，洗去了孩子的纯洁与明净。

郭同志如听痴人说梦，他完全被马伯的梦呓带进了一个又一个的惊人的梦魇之中。他开始与马伯一起，在八尺的狭迫之中，看到了百年前的光德里，那些活在清朝的老人和孩子。那些老人早已死去多年，那些孩子也早已成了老人，而马伯是迄今活得最老的当年的孩子。

郭同志和马伯当时的对话，以及对话的场景，外人已经无法重新描述，就连郭同志自己，都难以复述。马伯无异于在说胡话，而那些胡话，对于清朝的1907年而言，却又是何等清醒冷静的预言。

马伯说，那时，并不知道清朝会崩溃，还有几年的时间，后来才明白，清朝是一定要崩倒的。1907年离1912年民国建立，也不过五年时间。无人知道五年之后的民国，会是怎样的国家。从剪了辫子，皇上相继驾崩，女人天足，“乱党”坐了朝廷，皇帝换成总统，“乱党”成了民族英雄。那个15岁的少年看不到这一切，后来民国的英雄谱里也没有他的名分。

所以说，马伯不单是一位历史学家，同时还是一位哲学家，马克思所说的那种用皮肉思考的哲学家。郭同志算是在马克思死去一百多年后，终于明白了马克思的微言大义。

马伯只记得那位少年。

马伯有时糊涂，有时明白，他的喃喃自语，郭同志已经习惯。郭同志每天至少有8个小时和马伯形影不离，有一段时间，他竟然搬到光德里，住进了和马伯八尺一墙之隔的厢房里。

有一日，郭同志终于听明白了马伯的一个说法，就是关于那十万批银的事。我曾说过，马伯在说到1907年的事情时，他的表述是半文不白的，非常切合那个年份人们的说话习惯和书面语言方式。那时现代汉语还没有主张，更说不上普及，语言流通还是一种准文言的方式。马伯在他老年时分对往事的讲述，非常自觉地退回了那时的言语，这是一个非常有趣又深具性格魅力的现象。这也是郭同志不得不将他尊为历史学家的原因。

而在我眼中，马伯还是一个讲故事同时分析故事的高手，说他是一个优秀的小说家或文学评论家，一点也不过分。他对半文不白的语言的钟爱以及熟练程度，令郭同志叹为观止，将之作为一种当下罕见的民间语言或语文来尊崇。

马伯的大名叫马伯良。后来他年纪大了，人们便叫他马伯，把良字省略了，年青的马伯良变成了年老的马伯。

马伯良在12岁这一年，从马家私塾辍学，直接进入马文荣的马至诚批局当学徒。按辈分，马伯良是马文荣的远房侄儿。马伯良的父亲马文成是马家的伙计，一家人住在光德里后库的伙巷里。马伯良虽然是伙计马文成的儿子，但从小和光德里的孩子们一起，在光德里长大。光德里的后代大多出过洋，西风东渐使光德里的生活颇有几分洋风洋气。其实，光德里有两个世界。前厝包括马家宗祠，沿袭古制的生活方式，既封建又专制，奉行族规家法。后库和伙巷，住着长工和侍役，大多与马家沾亲带故，这里是一个下人的世界，马家凡出过洋的后代们，儿时也大多在这儿生活过。后库是孩子们的天堂，前厝是成人们的府第。

这时离光绪三十三年（1907年）已经过去了五年，这年1月1日，中华民国成立。对于大多数中国乡村而言，并无太大变化，沉重的中国乡村，依然生存在呆滞缓慢的状况中，12岁的马伯良，虽刚刚懂事，却有一种恍若隔世之感。一个全新的世界进入马伯良的内心。首先是脑后那根讨厌的辫子剪掉了，推成小平头，脑袋空荡荡凉飕飕的，虽然有些不习惯，但清爽利索多了，早上起床免去了梳辫子的麻烦。民国对于一个孩子来说，没有什么太大的不同，可是世界却大不一样。离城市较近的乡村，女孩子们纷纷放足，扔掉了又长又臭的缠脚布，自由自在地上街去，到新办的女校去上学。

马至诚批馆养着几十个批脚，一个伙计，两个学徒。马伯良是最小的学徒，12岁，刚刚入行。大学徒郑万里20岁，来马至诚批馆已经两年多，再有几个月就要出师。郑万里必须先去跑几个月批脚，然后转升伙计，在批馆里方有看铺的资格，那时，批馆会再收一两个学徒。

学徒要有人保荐。光德里送来的学徒，保人自然是马老太太，只是这两年马老太太已渐不理事，马伯良改由老叔公马创英作保。马郑氏马老太太作保人时，从不画押，由马创英代签保人姓名，其实也是马创英做主，并无不同。现在马伯良由马创英作保，马创英便把马伯良的父亲马文成叫来，细细地做了盘问交代。

马文成是光德里的老长工，负责养花养草，平日里一个人干活，也都在僻静的地方。他经常见到老叔公马创英，也少不了听马创英关于花草养殖的指使，他都是唯唯诺诺，低着头听话，甚至很少抬头与马创英对视。他对马创英很有印象，这是个苛刻的老人。老人话不多，但听起来很毒。他与下人说话，总让人觉到明显的斥责，除了斥责，马创英的确也无特别的话要说。

马创英的职责就是管理好这所深屋大宅，特别是东西两个屋顶炮楼，炮楼是他每天都必得光临的地方。有时，他会深夜突然到炮楼上去。他去炮楼时，要经过后库的花房，马文成就住在花房隔壁的伙巷里。马创英走过伙巷天井时无声无息的脚步，常常把马文成从睡梦中惊醒，似乎他半夜三更的警醒，为的便是在马创英经过时，及时醒来。

马伯良去批馆做学徒的事，是马郑氏马老太太的安排。子孙后代包括五服之内的小辈们的出路安排，都由马郑氏一手计划。大至少爷小姐们，小至光德里的任何一位长工、佣工的后代，马郑氏都会有悉心的关照。如今，这个担子，由马郑氏交给马创英。

马伯良一辈子难得有几个印象深刻的时候。他记得很清楚，除了光绪三十三年，他 7 岁时目睹行刑斩首那个 15 岁的少年，令他魂飞魄散、终生惊悸外，就是在 12 岁时，父亲将他带到马创英面前的那个场面。

那天早晨，父亲临出门时，手上蘸了一些水，在他半短不长的头发上撸了撸，抹得看起来有些油光光的，又在他脸上拍了拍，叫他别怕。父亲带他去见光德里人人惧怕的老叔公马创英。要去马至诚批馆当学徒，必须先过马创英这一关。虽说马至诚批馆是光德里自家办的批馆，但批馆收徒募人的行规及手续一丝不苟。光德里的人去批馆，除了要由马创英作保外，首先要经马创英看验过。以前是马郑氏马老太太还好，老太太仁慈宽厚，除了赞赏外，便是几句勉励的例常话，不会有什么挑剔。马创英这一关就不太好过，他凡事都看得很重，尤其对孩子特别严厉。他有时会到家塾去巡视，见到调皮捣蛋的孩子，他会情不自禁，极为认真地喝令孩子席地而跪。他用戒尺一下一下地打手板子，让孩子数数，数错了便重新打过。孩子不敢哭闹。

马创英面孔严峻，他那双鹰眼藏在深深的眉骨里，眉骨上是两道浓密的竖起的眉毛，令他本来就锐利的鹰眼显得深不可测。没有人知道他眼睛中究竟看到了什么？

马创英是光德里的幽灵。

他仿佛是用他的影子在巡视着光德里，没有人知道他会在什么时候，就突然出现在你身后。他的声气无处不在，却又踪影莫测。

“壬辰年生的!”

空气里传过来沉闷的声音，那声音似问似答。马文成连忙称是。

“六月十五，闰六月十五，岁在立秋，公历七月廿四。”还是沉闷喑哑的声音。厅堂里很暗，虽然是早晨八九点钟，但厅堂坐东面西，东边的阳光让后墙挡住，又是阴天，马伯良刚才跟着父亲马文成入得厅堂，只感觉一片昏黑，眼睛还没适应过来，不知那声音从何处传来，他赶紧梭巡着四周。父亲马文成早已习惯低着头说话，他知道马创英老叔公就坐在厅堂正中右侧的那把太师椅上，那儿背阴。马创英像一团阴影，悬浮在宽大的太师椅中。马文成不习惯直视马创英，并不是怕他，只是遵循一份光德里的古礼。马创英向来不苟言笑，言辞又吝，从没给下人一个好脸色，马文成归结于他的性情如此，何况马创英还是一个老烟鬼。吸不吸烟，判若两人。

马创英声色虽然喑哑，但听得出心情不坏。他居然对马伯良的生辰了如指掌，随口说出，似在问话，却很肯定。

“庚子有两个立秋，小人生于闰六月，七月流火……”马创英喃喃自语。

马文成知马创英非常迷信，对人的生辰八字命数尤为敏感，他非常在意马创英对自己儿子马伯良的命相掐算，但马创英并不与他讨论。马创英独自在那儿南无阿弥陀佛，他并不摇头晃脑，也不掐指算卜，只在口中喃喃，自说自话。马文成努力倾听，从空气中寻觅来自马创英似有若无的片言只语。马创英的神机玄语只有他自己知道明白。

马伯良却听得清楚。他虽然对自己的八字命数全然不知，但马创英老叔公的胡言乱语在他看来，却十分有趣。他在马家私塾里多少也学到一点关于生辰八字的说法，私塾先生郑老先生本身就是一位算命先生。

“此格四柱中虽有不洁之神，但其无法为凶，反被吉神飞冲，因而得禄，若逢伤官月建，如凶处未必为凶，内有倒禄飞冲，忌官星亦嫌羁绊，此格唯有四日，即庚子、壬子、辛亥、癸亥……乃飞天禄马格矣!”

马伯良虽不解其意，但为吉格贵格的意思，他是听明白了。马创英旁若无人，他只顾自得其乐。光德里无小事，件件小事都是大事。这是马创英的认识，他领导光德里，与领导一个国家没什么不同。他要对每一个人负责，哪怕是给批馆荐一个学徒，也万万不可大意。

马创英第一次如此真切地关注马伯良，这个伙计之子，其八相五形令他有许多说法。此孩子虽未长开，但面方阔如田字，此乃富贵之相。《南史·李安人传》言："宋明帝大会新亭楼，劳诸军主，樗蒲官赌。（李）安人五掷皆卢。帝大惊，目安人曰：卿面方如田，封侯相也。"马创英想着这个典故，心虽未大惊，时下国号刚改，改朝换代尚未明就里，大富大贵之说尚早，但此孩子未可限量，说好了是光德里的荣耀，说不好也或为光德里的神煞。风雨飘摇之中，世事难说矣。他突然就没了好心情，一阵倦意袭来，打了一个哈欠，便对马文成说："午后先送伊去批馆吧！随后再差人把荐书送去。"说着，便独自进入里间。马文成唯唯诺诺，连忙唤马伯良离去。

马伯良不明就里，觉得这位惧怕的老叔公好生奇怪。说也奇怪，并不惧怕这位神情严厉的老叔公。在私塾时，让老叔公打手板子，他不但不痛，反而觉得好玩。他从老叔公严厉的神色中，窥到一丝嬉戏的味道。他觉得这位神憎鬼厌的老叔公，有几分老顽童的意味。他始终没有把这种发现告诉父亲。

马至诚批局，在烟桥最中心的十字街头。批局是一座"四点金"府第，大门面东，前有照壁。门匾书有"紫气东来"，是吴昌硕的真迹，上款镌有"马文荣仁兄先生雅属"，此"四点金"建筑耗时五年。"马至诚批局"刚刚乔迁至此。批局先前在另一条街上，一座荒废百年以上的"下山虎"，如今那儿是马文荣的水客们落脚的地方。现在马文荣独自住在十字街头的批局，亲自掌握批局事务。

马伯良蜗居在八尺里，每当夜静时分，他望着古旧的陶瓷烛台上，会点着时节祭祀遗留下来的半截红烛。对着那一动不动似乎凝固了的火光，年老的马伯良会突然怀想起父亲对着母亲、对着自己说话的那个夜晚。那时真的以为，到时能自己开一个批馆，一个叫马伯良，或叫马文成的批馆。这是马老太太的吉言，也是他们马家三代长工的伟大梦想。

父母已经去世多年，自己也来日无多，他有时还庆幸，那年最终没有办成批馆，保住了一个贫雇农的名节，土改时还分了光德里一个八尺。要是那年开成了批馆，成了资本家，把三代贫农的清白名节丢了不说，还落个资本家成分，拖累了家人，糟蹋了自己。

他常常在夜深人静时，对着那火苗一动不动的半截红烛，想来想去，想不出个头绪来。童年时，他做梦都想着做光德里的主人，哪怕是半个后库的主人，后来去了批馆做学徒，这种想法反而淡了。尤其是后来做了批脚，守着成千上万的银钱和批封，那些银钱和批封，全滴着血泪血汗，封封粗看一派欣喜，细究皆不忍卒读。他手头有几十封错批或死批，随便抽出哪一封，都让人窥见心酸之事。人生百味百况，无数的批封和回批，言简意赅却衷情难以言表。

是夜难眠，孤单的马伯良在光德里空荡荡的老屋中走来走去。每一处地方，总能唤起某些记忆，听得见一些声音、哭声或笑声。这些地方属于光德里的正房部分，这里是马家老爷小姐们的居所，马伯良的生活区域在后库，他很少能够到这些地方来。现在，这些地方早已人去室空，马家祠堂的屋顶已经坍塌，门楼石匾上的“银青家祠”四个石刻大字却依然遒劲苍雄，在夕阳的辉映中，孤单但却雄浑地挺立着，石缝中长出的衰草，轻拂着银青大夫昔日的手笔，显得倍加凄清。

如今的光德里，连老鼠的影子也找不到。不知哪儿来的几只山狗，在草丛中做窝。那儿曾经是马家私塾的地方，鼎盛时期，有五十多个孩子上学。那是光绪三十三年（1907 年）的事了，到了民国元年（1912 年），马家私塾也就仅存二三十个学生，马家后代大多出洋或到省城读新学去了。

马伯良有一个藤编的匣子，这是马文荣在 1949 年出洋时留给他的礼物，那时里面还装着满满一匣子的旧币，旧币下面有两根金条，算是马伯良为马至诚批馆服务将近三十年的一点红利。马文荣什么也没说，连匣子里装什么都没有说，只是在临走时，把它送给了马伯良。连“后会有期”也来不及说，马文荣就踏上了去台湾的火轮。那时胡链正在抓壮丁赴台湾。马伯良见到那些溃败的国民党兵，见到那些刚刚穿上军装，眉毛被剃得精光的新兵，魂魄都飞散了，也顾不上客套，挟起匣子就跑。

这个匣子里的法币和金圆券没顶什么事。那两根金条，险些使马伯良万劫不复，这是后话。

匣子里装了几十封错批、死批。

错批、死批年年都有，并不出奇。那些年兵荒马乱，海外客户和国内亲属人生莫测，诸事多有变动，以至于批封、批银无法投递，又退不回去，但批脚们毕竟熟门熟路，总有送出去退得回去的机会，只不过多耗些时日。马伯良从15岁当批馆伙计同时兼送批银时起，到45岁时，已经送了30年的批封、批银，送过多少错批，救活多少死批，那些地址不详或地址变动，收封人死亡又再寻继承人或原封退回的事，不胜枚举。

这几十封错、死批，静静地躺在匣子里。1949年，新中国成立，那些年，人口迁移变动很大，死批送不出去不说，有些错批也成了死批，至今都没能送达。

这些批银，马伯良从青年时代读到垂垂老矣，读着几十个家庭，几百个人的悲欢离合，读得滚瓜烂熟，读得他夜不能眠，读出了惊心动魄，读出一身冷汗。

马伯良每晚临睡前，都会打开匣子，取出一封死批，细细阅读。这些死封，他以前从未打开过，几十年了，他不知批封里夹装着什么东西。他只是小心翼翼地取出批封，凝视着这些不知抚摸过多少回，取出多少回，又原样置放于匣中的批封。年深日久的凝视和轻轻的触摸，这些批封已经粘附着一层有些油亮的物质，类似古董上的包浆，或红或蓝或黑的字迹，显得更为深沉厚实。而信封上的护封印章和如意章也愈发油亮鲜红，这是马伯良几十年来，每一年几次阅读抚摸产生的油渍效果。他只有保持经常的翻拣，才能使这些批封不至于变脆、虫蛀，被岁月尘封毁损。每一次的看视抚触，他都是分外小心，每一次都想从中寻找到激活它们的灵感。他甚至还做了备份，用同样大小的规格，依样画葫芦地仿制了一份。

这是6月的深夜，马伯良在面前展开的一份批封，叫分拨批封，正面写着详细地址，“信至潮阳县贵山都隆津乡古楼村后宫田埂旁石碑处”，收批人处写着：林守发吾儿收。右侧一行小字为：“外付去龙银壹拾伍元查收，由叻田寄。”批封上印着几个印戳：其中一个阔大的印章，足有4平方厘米，上方刻有“新加坡”字样，正中刻写“至诚栈”，两边分别为“余事不用”及“专理收批”。这是“至诚栈”批局在收批时的印戳。批封背面上下骑缝处，印有多个护封印章，“护封”两字为篆书，批封中缝则印有多个“如意”章。

这是一封从“实叻”（新加坡）寄出的番批，在光绪二十二年（1896年）寄出，在至诚批馆放了近二十年，无法投出，据说由十多个批脚传送接手送批，多人寻访近百次无果，退回“实叻”也寻无寄汇人。此封是民国十五年，即1926年转到马伯良手中的，此前已经流转了21年。只要批封正面上没有印上“侨汇兑讫”或“讫付”的蓝色方章，以及“换发存单”“至诚回批”等朱砂印章，这个批封的漫漫长旅就没有终点。在马伯良这儿，不，在所有民间批馆，这个批封将永远不停顿它前进的脚步。

这个批封背面，是工整的蝇头小楷，密密麻麻地写着46个人名，每人名下最多十元，最少一元，是一位女士分给46位亲友的新年腰金。

可惜这46位亲友，在光绪二十二年这一年，没能如期收到这份腰金。这个批封上的地址，地名共有六个，错了三个，大约是送寄人出国日久，对家乡的语言及记忆都有问题，有些地方称谓也显离奇。任是批脚们如何努力，此批就是送不出去。

这份批封在马伯良心中，已经读过了无数遍，他甚至闭上眼睛，都能想象出这46个亲友的模样。他根据每个称谓的语言语义判断着这个人的情状，包括年龄、相貌、性情和性别，以及与寄汇人的亲缘关系。漫漫长夜，马伯良有的是时间，可以在想象中遨游。

六叔、三婶、何锦伯、补鞋姆、春松婶、英姑、玉新婶、锡泽嫂、猪中叔……46位亲友，称谓不出五服，但却姓氏繁多，关系芜杂。可见其中有家人至亲，亦有家丁仆佣，乃至街坊乡邻，不一而足。马伯良通过这个批封，可见的是一个类似光德里一般庞大的家族，它连带起半个乡村的人情世故。

批封左侧，名单之处还附有一行小楷：“各各聊作腰金之需，并代致安，馀存三十元收为口情之用可也，特此。母□□”收封人为“吾儿”。

马伯良最后一次触摸这个批封时，岁月已经过去了将近80年，它是在光绪二十二年，即1896年寄出，而马伯良在他弥留之际，将之交给郭同志时，已经是将近80年后了。它暂时的停脚点，只能是侨批博物馆，让后人瞻仰，等候其中的某位后人，前来认领。这样的奇迹，也许只能发生在这个叫汕头的地方。

昨夜下了整整一夜的大雨，哗哗的水声从黄昏直到天亮未停歇。蜗居在八尺里的马伯良，听着从屋檐上哗哗流泻的雨水声，一夜不敢合眼。那时马家祠堂还没有完全坍圮，有几处门窗的条石歪斜开裂了，窗框的支撑部分长出了许多乱蓬蓬的衰草，每到风雨天，风雨便猛烈地冲击着墙体虚浮部分，马伯良用尽办法也无济于事。年久失修的老屋，最怕漏水和风雨的侵蚀。

屋顶的横梁，原来非常密集。多年来，住户在困难时期揭不开锅时，便把屋顶横梁逢二取一，从屋架上锯下来卖钱。1979 年落实侨房政策，住户把房子退回，临搬走时，又悉数锯走，留下几根勉强撑持。据说光德里的横梁全是印度小叶紫檀，这种木材从来都很昂贵。失了支撑的马家祠堂，不敌风雨，坍塌只是时间问题。

这一夜，马伯良在八尺里，等着那一声倒塌的轰鸣。黄昏时开始下雨，他便去祠堂查看，见墙壁四处开裂，几根屋柱也已倾斜，明知回天无力，雨再下个不停的话，则马家祠堂坍塌就在今晚了。

这座经历过清朝二百多年，又撑过民国三十年，在风雨飘摇中又走了几十年的马家祠堂，其命数也许就在今晚。于马伯良而言，这种担忧已不是第一次，每次都意外地平安渡过。而今夜？他不知道。

雨越下越大，在瓢泼大雨的哗哗声中，他努力辨认有否异样的声息。没有。直至午夜，他迷迷糊糊地打了个盹，激烈的雨声把他惊醒。

他再也睡不着了。

他又搬出那个藤匣子。

他固执地以为，今夜马家祠堂必倒无疑，也不知道怎么会有如此想法。他在等待着崩塌的那一声轰响。

雨一直在下，凭雨水砸地的声音，他知道今夜雨不会停了。马家祠堂非倒不可了，就在今晚。

有好些时日没有动这个藤匣子了。匣子蒙上了淡淡的灰尘，他轻轻掸去灰尘，空气里有一种淡淡的霉味。其实，阴暗的八尺里，一直有这种霉味，经久不散，尤其在漫长的梅雨天气，八尺里就显得更加阴暗与潮湿。所以，马伯良总是把藤匣子放在高处。

他再也睡不着，雨声顽强地喧闹着，压住了大地上任何声响。八尺里却显得更加空寂落寞，风雨把电线刮断了，15 瓦的电灯泡闪了几下，灭了。八尺里一片幽暗。马伯良点起半截红蜡烛，已经好多时日没有点燃这半截红蜡烛了。

他展开了一页批信。这也是一封死批。批封上写明“外付国币壹拾贰亿伍仟万”。这是国民党政权崩溃之际发行的金圆券。那时金圆券已经论斤算，一斤金圆券换不到一斤大米。马伯良记得很清楚，他曾经用两个大箩筐，挑了近百斤金圆券，从城里到乡下，一百多里地，走了两天半，才把金圆券送达。

岳母大人尊前：

敬启者，久未修函问安，殊为抱愧，遥想大人精神康健，至以为念，兹有启者，闰三月十五日，寄华侨客头带上诸物，岂有收到？兹将诸物列左：青丝布两块、乌丝布一块，共十四尺四寸；红水尼一块，蓝花布一块，青花布一块，虾色花布一块，红花布三块，辉灰色花布二块，深蓝色布一块，墨水色布一块，共六十三尺半。帽两顶，袜一双，涎围一个，衫裤四副，板绫裤一条，川绸裤一条，肚腰十二个，树梠鱼一尾，盘七个。谅以收到，刻值轮便，寄上大银四元，届时查收为荷。耑此敬请

金安。

愚婿郑盛添

丙子年五月初一日

这个批封，马伯良读过无数遍，是所有死批、错批中，他读得最多的一封。每次读来，都惹得他心酸好久。批封中所列物品，头几年，马伯良还经常在库房中看到，梅雨天气时，用油布包裹上，置于高处。天气放晴，取出来，放到天台上晒太阳，年年如此。后来马至诚批局被土改队查抄，这些物品东放西放也就没了踪影，这最是令马伯良惶恐。一种无法交代，失信于人的酸楚与愧疚，在他心中隐隐作痛。

这位名叫郑盛添的女婿，寄出的物品可谓无微不至，给出是谓岳母大人，可内中物品无不与妻儿相关。当目光触及“帽两顶，袜一双，涎围一个，衫裤四副……肚腰十二个，树梠鱼一尾，盘七个”这些字眼时，马伯良忍不住号啕大哭，以他七尺男儿的身躯，佝偻在窄小眠床上抱头痛哭的姿势，令人心酸唏嘘。

他是看一回大哭一回。八尺处于光德里深宅大院之中，而光德里除了马伯良，空无他人，即便是山崩地裂的号哭，也无人知晓。

马伯口中，有源源不断的批脚传奇。只是郭同志有用之书读得太多，无用之书一窍不通，顶了个高考文科状元的桂冠，反而显得心拙，常常在马伯的答问中，把自己置于牛头不对马嘴的愚蠢状态中，有时竟惹得马伯不耐烦，自在心中笑说这现代青年学子，如此怠于常识，连做人做事的规矩伦理都不甚了了。好在郭同志面对的是一位可做他祖父的老人，且自己又属公务

在身，所以处处当个孙子，也就认了。要论在单位里，郭同志的眼睛可不是横长的，而是竖起直立着，很少有人能入他法眼。对此，他也常常大言不惭。

可在马伯眼中，郭同志就是个小学生，连光德里家庙私塾里的少年也不如，几个汉字写得像狗爬似的，马伯对此的轻蔑，郭同志是无处不受刺激的。至于清廷民国的基本知识，郭同志就更是小儿科的科员，一概的朦胧混沌，这点特别令马伯失望。

民国的批脚，堪比一个历史学家，比现代学者还有学问！这是多年以后，郭同志不得不老实承认的，只是在郭同志醒悟这一切之时，郭同志自己也已经老矣。问题是，即便郭同志到了马伯的年龄，依然没有马伯的学识，特别是那些已经被电脑键盘摧残得麻木不仁如鸡爪一般枯曲的手指，早已捏不住让人龙飞凤舞的钢笔，更不要说势如脱兔的毛笔了。

让郭同志懊恼的是，马伯那些亲笔书写的批封或回批，现在成了博物馆的镇馆之宝，成了向联合国申遗的宝物，价值连城。马伯死后，他留下的对联书法，一副普通的有光红纸，随便写就，却炙手可热。在郭同志看来俗不可耐的乡村对联，居然也拍卖十万八万。

而自己，才高八斗的高考状元，北大学子，如今连一张手稿也不曾有过。全部私人印记，都由那些电脑字构成，连一封家信也没有。他从没给父母写过任何书信，全是手机短信，连情书也打在电脑上。

马伯带给郭同志太多的焦灼和羞愧。郭同志对马伯 7 岁目睹的故事及此后的传说有兴趣，他关心的是十万饷银筹集的人员与数字，而马伯对此却吝于言辞。马伯关心的重点在那个少年乱党的命运。他坚持说林姓少年根本就不是革命党，一点革命的意思都没有。他对郭同志把林姓少年写成同盟会成员，革命英雄，很是不以为然。

马伯坚持林姓少年是让清廷冤枉斩杀的，他从没想当乱党，也从不知批银是革命党筹集的经费。他只是一个新批脚，倒霉之处是他不幸地遭遇了这一事件，因为不明就里地送批，而致罹难。这个惨事，完全出于误判而致的冤狱。马伯甚至埋怨那个供出送批少年的革命党人："他也不是一个好人！把少年说成了同党，完全在为自己开脱，起码不是一条汉子！将无辜少年置于死地。"

郭同志看得出马伯的立场，无意间已庇护清廷的滥杀。他直接把这个意思说出，惹来的却是马伯沉默的蔑视：这孩子火气太大！郭同志对马伯的崇敬只限于马伯的阅历，一个从前清活到今天的95岁老人，凭年龄高寿就值得尊敬，这点，郭同志美德尚存。

那个15岁的少年，如果不是1907年被处死，也许逃不过内战或抗日战争，即便侥幸活到新中国，也尚有诸多厄运在等着他。人的一生真是个谜，一个奇迹，无人能够预知，只能听天由命。活到95岁，真的不容易。郭同志此前从未想过此类问题，父母还未完全进入老年，自己已结婚生子，一路顺风顺水，顶着个高考状元及名校的帽子，活得很是惬意。现在担负了一个虽不显山显水却也不失时髦的“非遗”课题，许多人生人性问题，突然，因为马伯的到来和离去，令他有了全新的视野。

郭同志开始对88年前的那个少年有了浓厚的兴趣，他无法真切地洞悉少年当时的心情，他在临刑之际的惊恐与绝望。仅仅因为送了一个批封，就不可思议地把命送了。这种事说起来轻松，却是一个时代的痛。竟如同说一个神话传说。时间已把一切血污血腥，洗刷得干干净净，只留下一个骨架，有时连骨架也变得虚无抽象，变成一个概念。

而这一切，在马伯那里，却完全是另外一回事。那少年，是他生命中一块神圣的碑石。即便他的生命已经老朽，已经坍塌成一片废墟，那碑石依然坚挺，依然是一个人的15岁，上面布满青葱岁月和血的苔藓。马伯的心，大到容得下这块近百年的碑石。为了包容这块不断生长着的碑石，马伯以他自己的一生，谨小慎微地呵护着，滋养着，细细地辨认着那些岁月青苔的生长，仅仅因为他们后来成了同类。

自偶读那份《岭东日报》之后，马伯似成了一个历史学家，他开始留意每一条报上的旧闻，有关革命党或批脚水客的旧闻。这成了他批脚之外的唯一爱好，尤其是中国同盟会筹饷的有关资料。在他看来，这关乎那个少年的生死意义，他坚信少年被处决，是冤死的生命。

马伯的执着与坚决的心志，虽然令郭同志不可思议，他甚至以为这是一个事关老年痴呆症的临床案例。一个人7岁的记忆，如何深刻到这样的程度？以至于影响到一个人的一生，及对这个世界的极端看法。

马伯最后的岁月，那时他只是显得虚弱，腿脚有些不便而已，没有任何疾病折磨他，只是老了，老得有些难以动弹。马伯心中明白，上帝在召唤他了。人活得太久，也没甚滋味，只是有些遗憾，有些事还没有做完。关于那个少年之死，还有另外一些必须找人交代却依托无人的事。那些事也许永远也找不到可托之人，这是马伯尤为焚心的。本以为郭同志是个高人，又分外热诚，可以委托，但现在看来，也不甚放心。

郭同志也意识到了什么。他眼见马伯时日无多，心中也急，马伯实在是一个富矿，说是最后一个批脚并不为过。马伯的历史，就是一部中国水客批脚的历史。现在，郭同志就在这部活的历史周边，可他既走不进去，又难以转身而去，经历着前所未有的惶惑与迷惘。

中国的批脚水客，实际上是邮路未通年代的邮递员。这个职业延续了好几个世纪，在乡间以信誉取人，也以信誉为人称道。究其实他们都是些农民，一些生存于最底层的粗人。说是粗人，却也须略通文墨，记得住姓名，认得地址，没有受过起码的教育，也做不了批脚。因为低贱，因为谋生不易，批脚手中握有他人银钱，却万万不得有觊觎之心。这正是这份卑贱卑微的行当葆有高贵之处，它高贵得无法言说，那本是人作为人最本质最平朴的坚守。当悟到这一点时，郭同志对马伯的崇敬就不仅仅在于年龄了。

那天郭同志去见马伯。马伯的八尺里，已经腾空了所有家什，原本拥塞着各种物什的八尺，显得有些空荡。为了护理的方便，八尺只留下一张床。马伯身高一米八几，他高大的身躯，多年来，都躺在一张仅有一米八的由两块门板拼起来的眠床上。他在这张床上，至少已经睡了六七十年，从二十多岁还没成家直到现在。

马伯精神尚好，只是已经走不了路。他半躺在眠床上，正对着眠床的墙上，贴着一张老旧的往昔招贴画，画中有一女孩，民国时期家居女子的模样，高领唐装、月白衫黑褶裙，长裙曳地。郭同志知道这画中女子，是马伯心中所爱。据说马伯的初恋情人就是这个样子。这是传说，马伯并不承认。

那画实在太老旧了，纸质又黄又脆。郭同志曾经建议马伯换上别的，马伯不置可否，只是说："就那样吧，年头久了，由它去吧，看着舒服。也没什么好换的。"郭同志不便坚持，又知道了传说，便建议做个玻璃镜框嵌上。马伯只是笑笑："这样挺好。"郭同志便不再坚持。马伯言语很吝，他对旧东西情有独钟。

赏读

《铜钵盂：侨批局演义》（以下简称《铜钵盂》）是郭小东回归潮汕文化母体的全新创作，是我国文坛第一部以侨批为题材的长篇小说，也是广东文坛极具特色的家族小说。作者在《铜钵盂》三版序中写道：“《铜钵盂》自然是写实的，人物与事件皆有。可一切又处于想象之中，想象中的时间。它们如纪实一般，鲜活地凸现在历史之中。”小说根植于潮汕平原丰厚肥沃的乡土，具有明显的地域文化特征和浓郁的家族纪实色彩，展现出厚重的史学价值和深厚的人文内涵。以史家笔法钩沉历史，又以虚构笔法书写传奇，显然是小说的重要特色之一。

侨批俗称番批、银信，简称作“批”，是自清代以来在广东、福建、海南、广西沿海侨乡出现的一种民间文书，专指海外华侨通过海内外民间机构汇寄至国内的汇款暨家书，是一种信、汇合一的特殊邮传载体。

长篇小说《铜钵盂》所叙述故事纵贯晚清至现代，描写了清末民初郭、马、周、郑四大家族在百年中国革命史中的嬗变史，通过潮汕地区铜钵盂这个小村庄的兴衰，描述了历经百年沧桑的潮汕侨批文化及侨批演变史。“在潮汕平原，村庄和侨批，似乎有一种天然的联系。从什么时候开始，这种联系便有着生死的至切。一封小小的银信，有时便决定村庄和人的命运，几个世纪的离乱故事……”（《铜钵盂·后记》）小说以侨批史演义和家族的兴衰沉浮为显在主题，潮汕独特的人文精神和内涵为潜在层面，通过水客批脚的诚信品质、革命党人的慷慨胸怀、平民百姓的悲悯情怀，刻画出潮汕人诚信、仁爱和利义并重的精神实质和人性之美。

萌芽于明代的侨批银信，在清末民初达到鼎盛，其势头一直延续到中华人民共和国成立，至1976年方纳入银行系统，侨批银信不再。侨批是一种民间自发生长出来的银信制度。那些远赴南洋谋生打拼的人，依靠侨批保持与故乡亲人的联系，维持故乡亲人的生活。侨批在其发展过程中，出现一种类似于今天快递员的从业人员，即水客和批脚。水客是经常往来于国内外、专门为侨胞代送侨批或物件的人，是一种以收揽和解付批款为主的特殊职业；批脚则相当于侨批投递员的角色。在当时金融邮政机构尚未建立的时期，海外侨胞与家乡亲人的通信、汇款（侨批）就全靠这些“批脚”来往送递，成千上万银圆在南洋和本地流转，这种遥远信托完全是靠着彼此间的信任，从业者的敬业与诚信精神，才有可能持久地进行运作，几十年而不衰。以乡谊、诚信、口诺等精神性保约，是侨批最丰富最具人格魅力的信托结晶。水客和批脚的立身之本就是重诺守信。

《铜钵盂》描写人物包括清末民初的文化学术界、政商界大佬，如康有为、梁启超、于右任等百余人。瞽师、水客批脚、革命党人、诗丐、掮客纷纷亮相，众生百态。郭小东笔下的郭仁卿、周季礼、林达、郭信臣、马灿汉、马文荣、马伯良……他们的言谈举止和行为规范，他们的豁达、慷慨、大义、信诺，完完全全是源远流长的潮汕文化和代代相传的潮汕人文精神所塑造的潮汕民系的人格凸现。不管是高宅大户，还是升斗小民，他们都表里如一，始终不渝地恪守着一种叫作诚信守信的人生准则。

水客和批脚，最具诚信和契约精神的信息资源传递者。在小说中，对侨批史的演义，主要由马家的马郑氏、马创英、马文荣、马伯良等人完成。马伯良尽管有过开批局的梦想，但始终只是一个无权无势的普通水客批脚。作者集中笔墨塑造了马伯（大名马伯良）这一人物形象，以展现潮汕地区水客批脚的精神和情怀。

马伯生于20世纪初年，他95岁的人生几乎贯穿了整个20世纪。按辈分，马伯良是马文荣的远房侄儿，马伯良的父亲马文成是马家的伙计，一家人住在光德里后库的伙巷里。马伯良虽然是伙计马文成的儿子，但从小和光德里的孩子们一起，在光德里长大。马氏家族有私塾，五服之内的孩子到了年龄都可以进去读书，长工佣人佃户家的孩子也不例外。马伯在私塾读了七八年，不仅粗通文墨，更是写得一手好字，堪称历史学家。

马伯12岁从马家私塾辍学，直接进入马文荣的马至诚批局当学徒，自然而然地成了一名走南洋、行乌水的水客，1949年转做批脚。小说第十二章写马伯良曾经无数次地触摸一封光绪二十二年（1896年）从新加坡寄出、却始终无法找到收批人的侨批。1949年，马至诚去台湾之前留给马伯一个藤匣子，里面有几十封错批、死批。其中一封1896年寄出的番批，是一位女士分给46位亲友的新年腰金。因为读过无数遍，“他甚至闭上眼睛，都能想象出这46个亲友的模样”，如今，这封番批仍然在侨批博物馆里，等候其中的某位后人前来认领。像马伯一般生存于社会最底层的水客批脚，面对手中大大小小的银钱，却能不生觊觎之心，信守承诺，这是水客批脚最为难能可贵的品质。这种自发的诚信品质，来源于潮汕人民世代相传的为人之道、经商之道、待人之道。正如作者所说的：“这样的奇迹，也许只能发生在这个叫汕头的地方。”第十三章，作者再一次写到马伯良在所有死批、错批中读得最多的，一封“愚婿郑盛添”寄给“岳母大人”的批银。每次读到批银中的那些无微不至的字眼，马伯良都“忍不住号啕大哭”。马伯良的号啕大哭，在读者心中唤起的，已不仅仅是具体的某个人，而是一个时代，一种民间道德人伦。马伯良最后的离世，喻示了一个时代、一种久远的文化的消逝。在小说后记中，作者写到了自己对马伯良这类批脚的文化思考与道德评判。“在我作品的人物中，凸现了一种强烈的欲望，欲望在那些生活于旧时代，崇信旧文明，却又恪守并建设着新道德与新伦理的人物身上。”“为了一件死批错批，一件没有地址的批封银信，而终其一生地信守与寻找的精神。”

诚于中，信于外，水客和批脚所践行的诚信契约精神，正是潮汕俚语中“天地补忠厚”的精神价值体现。侨批是一种诚信的载体，水客批脚是诚信的践行者。郭小东诠释道：“在研究过程中发现，近千年来，几乎没有批脚侵吞侨批的例证，更多是在侨批史上发现，不少批脚为了投递一封没有地址的死批和写错地址的错批而跑了很多地方，甚至终其一生都在寻找。一封侨批，需要由水客转交给批脚，再由批脚交给当事人。这就是侨批从诞生之日到消失的几百年中，所体现的一种有形或无形的契约精神。”

作品

借钱的境界①

余光中

一提起借钱，没有几个人不胆战心惊的。有限的几张钞票，好端端地隐居在自己口袋里，忽然一只手伸过来把它带走，真教人一点安全感都没有。借钱的威胁不下于核子战争：后者毕竟不常发生，而且同难者众，前者的命中率却是百分之百，天下之大，那只手却是朝你一个人伸过来的。

借钱，实在是一件紧张的事，富于戏剧性。借钱是一种神经战，紧张的程度，可比求婚，因为两者都是秘密进行，而面临的答复，至少有一半可能是“不肯”。不同的是，成功的求婚人留下，永远留下，失败的求婚人离去，永远离去；可是借钱的人，无论成功或失败，永远有去无回，除非他再来借钱。

除非有奇迹发生，借出去的钱，是不会自动回来的。所谓“借”，实在只是一种雅称。“借”的理论，完全建筑在“还”的假设上。有了这个大胆假设，借钱的人才能名正言顺，理直气壮，贷钱的人才能心安理得，至少也不至于毫无希望。也许当初，借的人确有还的诚意，至少有一种决心要还的幻觉。等到借来的钱用光了，事过境迁，第二种幻觉便渐渐形成。他会觉得，那一笔钱本来是“无中生有”变出来的，现在要他

① 选自《听听那冷雨》（国际文化出版公司 2014 年版）。余光中（1928—2017），台湾诗人与散文家，福建永春人。代表作有《白玉苦瓜》《乡愁》《余光中经典》等。

“重归于无”变回去，未免有点不甘心。“谁教他比我有钱呢?”朦朦胧胧之中，升起了这个念头。“天之道损有余而补不足。人之道则不然，损不足以奉有余。”当初就是因为不足，才需要向人借钱，现在要还钱给人，岂非损不足以奉有余，简直有背天道了。日子一久，还钱的念头渐渐由淡趋无。

久借不还，“借”就变了质，成为——成为什么呢?“偷”吗?明明是当面发生的事情，不能叫偷。“抢”吗?也不能算抢，因为对方明明同意。借钱和这两件事最大的不同，就是后者往往施于陌生人，而前者往往行于亲朋之间。此外，偷和抢定义分明，只要出了手，罪行便告成立。久借不还——也许就叫“赖”吧?——对“受害人”的影响虽然相似，其“罪”本身却是渐渐形成的。只要借者心存还钱之念，那么，就算事过三年五载，“赖”的行为仍不能成立。“不是不还，而是还没有还”。这中间的道理，真是微妙极了。

借钱，实在是介于艺术和战术之间的事情。其实呢，贷方比借方更处于不利之境。借钱之难，难在启齿。等到开了口，不，开了价，那块“热山芋”就抛给对方了。借钱需要勇气，不借，恐怕需要更大的勇气吧。这时，“受害人”的贷方，惶恐觳觫，嗫嚅沉吟，一副搜索枯肠，借词推托的样子。技巧就在这里了。资深的借钱人反而神色泰然，眈眈注视对方，大有法官逼供犯人之概。在这种情势下，无论那“犯人”提出什么理由，都显得像在说谎。招架乏力，没有几个人不终于乖乖拿出钱来的。所谓“终于”，其实过程很短，“不到一盏茶工夫”，客人早已得手。“月底一定奉还”，到了门口，客人再三保证。“不忙不忙，慢慢来。”主人再三安慰，大有孟尝君的气派。

当然是慢慢来，也许就不再来了。问题是，孟尝君的太太未必都像孟尝君那么大度。而那笔钱，不大不小，本来也许足够把自己久想购买却迟疑不忍下手的一样东西买回家来，现在竟入了他人囊中，好不恼人。月底早过去了。等那客人来还吗?不可能。催他来还吗?那怎么可以!借钱不还，最多引起众人畏惧，说不定还能赢得同情。至于向人索债，那简直是卑鄙，守财奴的作风，将不见容于江湖。何况索债往往失败;失财于前，失友于后，花钱去买绝交，还有更愚蠢的事吗?

既然是这样，借钱出去，就不该等人来还。所谓“借钱”给人，事实上等于“送钱”给人，区别在于:“借钱”给人，并不能赢得慷慨的美名，更不能赢得借者的感激，因为“借”是期待“还”的，动机本来就不算高贵。

参透了这点道理，真正聪明的人，应该干脆送钱，而绝不借钱给人。钱，横竖是丢定了，何不磊磊落落，大大方方，丢得有声有色，“某某真够朋友！”听起来岂不过瘾。

当然，借钱的一方也不是毫无波折的。面露寒酸之色，口吐嗫嚅之言，所索又不过升斗之需，这是“低姿势”的借法，在战术上早落了下风。在借贷的世界里，似乎有一个公式，那就是，开价愈低，借成功的机会愈小。照理区区之数，应该很容易借到。何至碰壁。问题在于，开价既低，来客的境遇穷蹇可知，身份也必然卑微。“兔子小开口”，充其量不过要一根胡萝卜吧。谁耐烦去敷衍一只兔子呢？

如果来者是一个资深的借钱人，他就懂得先要大开其口。“已经在别处筹了七八万，能不能再调两万五千，让我周转一下？”狮子搏兔，喧宾夺主，一时形势互易，主人忽然变成了一只小兔子。小兔子就算捐躯成仁，恐怕也难塞大狮的牙缝。这样一来，自卑感就从客人转移到主人，借钱的人趾高气扬，出钱的人反而无地自容了。“真对不起，近来我也——（也怎么样呢？‘捉襟见肘’吗？还是‘三餐不继’呢？又不是你在借钱，何苦这么自贬？）——我也——先拿三千去，怎么样？”一面舌结唇颤，等待狮子宣判。“好吧，就先给我——五千好了。”两万五千减成一个零头，显得既豪爽，又体贴，感激的反而是主人。潜意识里面，好像是客人免了他两万，而不是他拿给客人五千。这是“中姿势”的借法。

至于“高姿势”，那里面的学问就太大了，简直有一点天人之际的意味。善借者不是向私人，而是向国家借。借的借口不再是一根胡萝卜，而是好几根烟囱。借的对象不再是一个人，而是千百万人。债主的人数等于人口的总数，反而不像欠任何人的钱了。至于怎么还法，甚至要不要还，岂是胡萝卜的境界所能了解的。

此之谓“大借若还”。

赏读

“欠债还钱，天经地义。有借有还，再借不难。”道理人人懂，可是人人做到了吗？

在我看来，这真是一篇“以黑写黑”的文章，以中国人特有的“黑色幽默”，来解析中国人特有的“借贷厚黑学”。借钱，还钱。

一个看似简单的借贷关系，是如何变成了一个尴尬又棘手的命题、一个无情的人际关系“杀手”、一个“介于艺术和战术之间”的人性撕扯。

“借”本身是相对于“还”而预设、存在的概念，“‘借’的理论，完全建筑在‘还’的假设上”，若没有“还”，“借”就是拿了。但作者却说“借”——“实在只是一种雅称”，俗话说，有借有还，再借不难，但作者却说借钱的人“无论成功或失败，永远有去无回”。我们当然可以说这是作者的反讽和夸大，但这却又切切实实映射了人性在“借贷”中所遭遇的挤压和扭曲：

其一，借钱的人为何不还？

因为他们都是自私的“利己主义者”和善于自我开脱的“精神胜利者”。这种人即便一开始有“一种决心要还的幻觉”，但“事过境迁，第二种幻觉便渐渐形成……那一笔钱本来是‘无中生有’变出来的”，在不劳而获的快感面前，道德的立场是极其容易松动的，对“久借不还”的行为也能以精神胜利法美化为“不是不还，而是还没有还”。作者认为，这中间的道理和心态的分寸，实在是微妙。但其实真正微妙、幽微的，唯人性罢了。

其二，为何在借钱一事上，贷方常比借方更处于不利之境？

因为“爱面子”作为中国人的一种典型的社会心理现象，常在无形中影响甚至是支配着人的社会行为。“爱面子”的贷方遇上“厚脸皮”的借方，只能像“受害人”一般被动，因为说不出拒绝而窘态百出，“惶恐觳觫，嗫嚅沉吟，一副搜索枯肠，借词推托的样子”，这时要说出一句“不借”，倒像是比问人借钱需要更大的勇气似的。而“厚脸皮”的借方只需以静制动，“资深的借钱人反而神色泰然，眈眈注视对方，大有法官逼供犯人之概”，不出意外贷方总要败下阵来。

待到钱借出去了，“爱面子”的贷方又不好意思催别人还钱，因为“爱面子”的社会总会演绎出一套病态的价值观：“借钱不还，最多引起众人畏惧，说不定还能赢得同情。至于向人索债，那简直是卑鄙，守财奴的作风，将不见容于江湖。何况索债往往失败；失财于前，失友于后，花钱去买绝交，还有更愚蠢的事吗？”可见“段数高”的借钱者不但善于抢占道德制高点，更善于抓住他人性格中的软肋大做文章，进行道德绑架、心理攻势，“脸皮要厚而无形、心要黑而无色”，这就是中国人所特有的“借贷厚黑学”。在一段借贷关系中，心软、重情、施以援手者注定哑巴吃黄连有苦说不出；而冷漠、无耻、不守信者却占据了这场战争的不败之地，这是什么道理呢？这是不是对人性最大的讽刺呢？

作者甚至以反讽笔法写道，假若不“还钱”，那么“借钱”的概念也就形同虚设，不如叫作“送钱”。“借钱出去，就不该等人来还”，因为别人必不会还。借出去的钱既要不回来，又得不到对方的感激，岂不如“磊磊落落，大大方方”地送给对方更好？“诚信”本应是维系借贷关系的关键，最后却反而“成就”了一套“斗智斗勇”的“厚黑学”。不守诚信的人所主导的畸形的价值观，只会衍生出更为荒诞、讽刺的规则，缺乏“契约精神”的主导，仅靠个体的道德这种防君子不防小人的“纸老虎”作为薄弱的约束，我们将永远不可能拥有健康、良性的借贷关系。

作者通过生活中常见的“借钱”现象，展开对人性的思考；从贷方和借方各自的立场阐述了两种“合理”的思维，活泼跳跃的文风使得文章妙趣横生。他同时还告诉读者，人们在借钱过程中加入了“时间”“尊卑”“人情”“战术”等变量，居然能使“欠债还钱”的公平道理变得不再“天经地义”；借方使用低、中、高三种不同的借钱姿态，居然可以达到不同的借钱效果，对于“高姿态”的借钱，把其上升为“不是向私人，而是向国家借。借的借口不再是一根胡萝卜，而是好几根烟囱。借的对象不再是一个人，而是千百万人”。怎么还？还要不要还？“岂是胡萝卜的境界所能了解的。”

今天，人们在借钱时，扪心自问“还”的诚意有多少？如果以诚信为前提，借钱大可不必那么复杂。

作品

诚信、信任和人的尊严①

周国平

在今日市场经济的环境中，国人普遍为诚信的缺乏而感到苦恼。商界中的人对此似乎尤有切肤之痛，前不久央视一个节目组向百名企业家发卷调查，征询对“当今最缺失的是什么”问题的看法，答案就集中在诚信和信任上面。其实，消费者是这一弊端的最大和最终受害者，只因处于弱势，他们的委屈常常无处诉说罢了。

如此看来，诚信的缺失——以及随之而来的信任的缺失——已是一个公认的事实。这就提出了一个问题：我们是否曾经拥有诚信，如果曾经拥有，又是在什么时候缺失掉的？

翻阅一下严复的文章，我们便可以知道，至少在一百年前我们还并不拥有，当时他已经在为中国人的“流于巧伪”而大感苦恼了。所谓巧伪，就是在互相打交道时斗心眼，玩伎俩，占便宜。凡约定的事情，只要违背了能够获利，就会有人盘算让别人去遵守，自己偷偷违背，独获其利，而别人往往也如此盘算，结果无人遵守约定。他举例说：书生决定罢考，“已而有贱丈夫焉，默计他人皆不应试，而我一人独往，则利归我

① 选自《安静》（北岳文艺出版社 2002 年版）。周国平，1945 年生于上海，中国社会科学院哲学研究所研究员。著有《尼采与形而上学》《守望的距离》《人生哲思录》等。

矣，乃不期然而俱应试如故”；商人决定统一行动，“乃又有贱丈夫焉，默计他人如彼，而我阴如此，则利归我矣，乃不期然而行之不齐如故”。（《论中国之阻力与离心力》）对撒谎的态度也是一例：“今者五洲之宗教国俗，皆以诳语为人伦大诟，被其称者，终身耻之。”惟独我们反而“以诳为能，以信为拙”，把蒙骗成功视为有能力，把诚实视为无能。（《法意》按语）

今天读到这些描述，我们仍不免汗颜，会觉得严复仿佛是针对现在写的一样。一百年前的中国与今天还有一个相似之处，便是国门开放，西方的制度和思想开始大规模进来。那么，诚信的缺失是否由此导致的呢？严复不这么看，他认为，洋务运动引入的总署、船政、招商局、制造局、海军、矿务、学堂、铁道等等都是西洋的“至美之制”，但一进到中国就“迁地弗良，若存若亡，辄有淮橘为枳之叹”。比如说公司，在西洋是发挥了巨大效能的经济组织形式，可是在中国即使二人办一个公司也要相互欺骗。（《原强》）所以，原因还得从我们自己身上寻找。现在有些人把诚信的缺失归咎于市场经济，这种认识水平比起严复来不知倒退了多少。

其实，诚信的缺乏正表明中国的市场经济尚不够成熟，其规则和秩序未能健全建立并得到维护。而之所以如此，近因甚多也甚复杂，远因一定可以追溯到文化传统和国民素质。西方人文传统中有一个重要观念，便是人的尊严，其经典表达就是康德所说的“人是目的”。按照这个观念，每个人都是一个有尊严的精神性存在，不可被当做手段使用。一个人怀有这种做人的尊严感，与人打交道时就会有一种自尊的态度，仿佛如此说：这是我的真实想法，我愿意对它负责。这就是诚实和守信用。他也会这样去尊重他人，仿佛如此说：我要知道你的真实想法，并相信你会对它负责。这就是信任。可见诚信和信任是以彼此共有的人的尊严之意识为基础的。相比之下，中国儒家的文化传统中缺少人的尊严的观念，因而诚信和信任就缺乏深刻的精神基础。

也许有人会说，“信”在儒家伦理中也占据着重要的位置。不错，孔子常常谈“信”，《论语》中论及诚实守信含义上的“信”就有十多处。但是，在儒家伦理系统中，“信”的基础不是人的尊严，而是封建等级秩序。所以，毫不奇怪，孔子常把“信”置于“忠”之后而连称“忠信”，例如“主忠信”“言忠信”“子以四教：文，行，忠，信”等。可见“信”是从属于“忠”的，诚实守信归根到底要服从权力上的尊卑和血缘上的亲疏。在道德实践中，儒家的“信”往往表现为所谓仗义。仗义和信任貌似相近，实则属于完全不同的道德谱系。信任是独立的个人之间的关系，一方面各人有自己的人格、价值观、生活方式、利益追求等，在这些方面彼此尊重，绝不要求一致，另一方面合作做事时都遵守规则。仗义却相反，一方面抹杀个性和个人利益，样样求同，不能容忍差异，另一方面共事时不讲规则。在中国的商场上，几个朋友合伙做生意，一开始因为哥们义气或因为面子而利益不分，规则不明，最后打得不可开交，终成仇人，这样的事例不知有多少。

毫无疑问，要使诚信和信任方面的可悲现状真正改观，根本途径是发展市场经济，完善其规则和秩序。不过，基于上述认识，我认为同时很有必要认真检讨我们的文化传统，使国民素质逐步适应而不是严重阻碍这个市场经济健全化的过程。

赏读

这篇文章既是作者对中国人性当中劣根之反省，更是对中国传统文化中的“灰色地带”的尖锐批判。谁也不能否认，诚信的流失、缺失，在当今社会几乎是一个令人难堪的事实，小到人与人之间的信任、默契，大到社会体制、权力机关的公信力，无不面临前所未有的危机甚至是极大面积的崩坏。假如说，要对所谓的社会诚信体系进行维护和修复，我们首先面临的问题是，我们要寻找的，究竟是曾经失落的，还是从未拥有的？——“我们是否曾经拥有诚信，如果曾经拥有，又是在什么时候缺失掉的？”

要解决这个问题，意味着我们必须去思考一个问题，在我们中华民族上下五千年的文明、文化中，是否有着“诚信”的渊源、传统可寻呢？作者首先是援引了严复的文章和观点，得出一个看似有些耸动的结论：还没找到所谓“诚信”的传统呢，倒是先找到了“不诚信”的传统。这种“不诚信”的典型表现就是“流于巧伪”、一种缺乏契约精神的“投机理论”和“利己主义”，最终彼此“互相打交道时斗心眼，玩伎俩，占便宜”，“巧”就是善于投机、钻营，“伪”就是不介意撒谎、背信，中国人将这种“小聪明”发挥到了极致，在这套价值观的洗礼下，许多人“把蒙骗成功视为有能力，把诚实视为无能”。“巧伪”正是中国人精于术而失于道的一个文化黑暗面。

作者认为，严复的话语描述的虽是百年前的中国，但比对当下社会，

“仿佛是针对现在写的一样”，让人感到汗颜。从经济角度来说，中国的市场经济尚不够成熟，其规则和秩序未能建立健全并得到维护，要完善这一秩序需要法理、管理层面的进一步规范，但“诚信”在个体层面乃至公共层面的大面积缺失，“近因甚多也甚复杂，远因一定可以追溯到文化传统和国民素质”，在“诚信”的崩塌过程中，人们感受到逐渐在失去的，不仅是安全感，还有尊严感。“尊严”是作者理解现代“诚信”体系的一个关键词，“一个人怀有这种做人的尊严感，与人打交道时就会有一种自尊的态度，仿佛如此说：这是我的真实想法，我愿意对它负责。这就是诚实和守信用”。自尊自爱，而后尊人爱人，唯有“尊重”的土壤能让信任生长，“诚信”让体系中的每一个人都能活得有“尊严感”。这种“信”，是与“尊重”息息相关的。作者认为我们难以确定中国是否有“诚信”的传统，乃是因为“在儒家伦理系统中，‘信’的基础不是人的尊严，而是封建等级秩序”，因此这种“信”，更多时候是道义层面和权力层面的，孔子常把“信”置于“忠”之后而连称“忠信”，如此一来，“信”在许多场合就难免要从属于“忠”了，诚实守信、互尊互信就变成了“服从权力上的尊卑和血缘上的亲疏”，没有了相互尊重的基础，这种“诚信”就难说是我们所谈论的现代意义的“诚信”了。

谈诚信和信任，我们时常会想到法律与道德，少想到人的尊严。法律即是社会公共承认的条规，如若违反则会受到惩戒，像是一种客观事实一样的存在。而道德是一种普世价值，言表于行，内化于心，没有明确的程度和标准之分，是一种主观性较强的存在。正因为人人皆有不同，道德的感知也不同，我们难以用一个没有明确规定的主观思想去衡量每一个人诚信、信任与否。于是我们往往说，不触犯法律是道德的底线，试图将这个主观化的东西客观化以约束人们不诚信、不信任的行为。然而法律在对诚信和信任这方面问题的处理常常也是大则大之，小则小之，这也就造成了小的代价付得起，大的代价难处理的现象。于是乎文末给出了应当加强约束体制的建议。但是体制也难以管理到所有细枝末节的事情，有些小小的不诚信和不信任虽然不至于给人造成损失，却也会在默默中影响风气和氛围，我们寄托希望于每个人的自觉，却发现我们自古有着将主观感受安置于客观条规上的习惯，比如法律，比如封建的阶级制度，而不是人的根本。

那么什么是人之根本呢？不愧于心，不枉为生，谓之尊严。

作品

老鞋匠[①]

祝小兔

他总强调质量要好，可什么是质量好，他没有一个概括，大概就是他常说的舒服、耐穿、真皮实跟、不掺假。一双鞋关系到走路，鞋子穿不好，是要腰酸、膝盖痛的。虽然他也不能理解现在的潮流，也不懂什么叫设计，可老鞋匠的话总是很有道理。如果看见鞋子里塞的是纸，一向和蔼的老鞋匠是要忍不住高声两句的，做这种鞋子的人是坏了心眼儿的。

我的靴子跟坏了，送去老鞋匠那里修。鞋子回来的时候，两个前脚掌底部的外侧都被粘上了皮子，纳闷"我这没坏啊?"老鞋匠这才抬起头，"你走路肯定用力不均，鞋底磨歪了，我给你调整过来了。"鞋底被粘得平平整整，边缘一看就知道是被打磨过了，是顺滑的。老鞋匠比自己还了解你的脚，你只能看到表面，他却能知道你是如何走路的。

我们这个街区的人都在老鞋匠那里修鞋。他的修鞋铺跟一般修鞋摊不一样，不用在外面风餐露宿，而是在菜场的外圈铺子上租了一个摊位，门脸也极小。菜场里面卖五谷杂粮，卖水产鸡鸭，菜场外面卖甜点熟肉，也有杂货，唯独没有做修补生

① 选自《万物皆有欢喜处》（江苏凤凰文艺出版社2014年版），有改动。祝小兔，原名祝羽捷，中国作家，上海作协会员。著有《时光不老，我们不散》《世界从不寂静》等。

意的。客流量极大，需求也多，都是这附近的居民。老鞋匠也不像其他修鞋师傅那样什么活都接，皮包给他，他是不要的，雨伞给他，他也是要退回去的，嘴里嘟囔着“修伞做不来的。”

老鞋匠原本是已经退休了的，在家享清福，老伴儿去世后，一儿一女轮番着接他去住。他却觉得别扭。他心里知道，孩子毕竟有了自己的家庭，自己是累赘。他要回去了，自己一个人又孤寂，不如找点事情做。别的也不会，还是重操旧业，让孩子们给租了这个小门脸，给人修鞋。

年轻的时候，鞋匠在上海皮鞋厂上班，是国有制单位的正式员工，意气风发的青年，还没有谈过恋爱。经人介绍，认识了纺织厂上班的一位姑娘，要看单位，他们是门当户对的一对。两个人都是初恋。姑娘家却觉得姑娘多少是短视的，应该找个条件高于自己的，而不是相当的。就像当年姑娘读中学的时候，受到“上山下乡”的鼓舞，就不顾家里反对去了农村，走的时候兴高采烈。不料半年，就粗着脖子回来了。原来是得了甲状腺炎，只能回来养病，没少受母亲的数落。还好因祸得福，她被分配进了纺织厂，捧上了“铁饭碗”，多令人羡慕的一份工作。

鞋匠去纺织厂接姑娘下班，看到她穿着白色的制服，头发别在耳朵后面，真是好看。晚饭后，鞋匠推着自行车，他们一边聊天一边走路，从外滩走起，一路聊得开心，竟然走回了徐家汇，发现天明了。鞋匠被带回家见姑娘的父母，倒是个懂事的人，给爸妈各带了一双皮鞋，头层牛皮，牛筋底，透气耐穿，都是当时上等的尖货。姑娘的爸妈高兴得合不拢嘴。鞋匠娶了姑娘，大家都说他们是般配的一对。

后来鞋匠下岗了，想要找工作一直没有头绪，姑娘的父母也帮着张罗起来。只是姑娘父母找的工作，鞋匠不爱去，难免姑娘会落下埋怨。后来鞋匠下定决心还是干老本行，开鞋铺，最早卖的是皮鞋厂里的存货。后来干脆让妻子卖厂里的鞋，自己给客人量脚做鞋。

没想到生意好得出奇，很多人认准了他是皮鞋厂出来的师傅，让他做鞋。上海人认出身，你是老牌皮鞋厂出来的师傅，就是要比温州来的师傅可靠，眼光也要胜一筹。鞋匠只做纯皮的鞋，他跟一般的师傅做法不一样，给客人量脚定制鞋子模型时，会特意用纸板插入鞋内，以便留出一些空间，如此定制完后，穿在脚上才更感觉舒服。首先要将鞋帮打样定样，接着将剪好的鞋帮进行缝纫，然后再经过定型、钳帮、复底等多个工序，最后上光。一双皮鞋的价格不高，但制作大约需要两三天，质量是没话说的，不会出现商城里开胶脱线的情况。

商场里的皮鞋轻巧精致，款式新颖，没有人再买皮鞋厂的老款鞋子了。可是来找鞋匠做鞋的人还是络绎不绝，特别是很多年长的人，是穿不惯商品鞋的。也有很多长辈是为儿孙来做小皮鞋的。

鞋匠做的猪皮鞋垫也很受欢迎，除臭功能很好，之所以不用牛皮材质的鞋垫而选用猪皮鞋垫，是因为猪皮鞋垫毛孔大且透气性好，易于吸收散发脚底汗液。夏天穿塑料凉鞋是轻快，但还是皮凉鞋养脚，鞋匠做的皮凉鞋简单大方。到了冬天，他用纯羊毛作内填充，制成的冬季皮鞋既御寒又保暖。

他们的旧居地段不错，房子老是老，旧是旧，却能卖好价钱，于是卖了房子给儿子置办了新房。鞋匠年纪大了，眼睛也花了，成了老鞋匠。儿女也都有了自己的家庭，也算孝顺的孩子，就让他关掉铺子退了休。偶尔给孩子做一双鞋子，孩子有点嫌款式守旧了，也不好直说，就说不要做了，太麻烦了，买一双也不贵的。老鞋匠就真的不做了，做一双用的时间比以前也长很多了，只有老伴儿还在穿他的鞋子，是他最忠诚的客人。

给老伴儿做一双牛筋底的平底鞋，还要在鞋面上缝制个蝴蝶结。这个蝴蝶结也跟别人的不一样，是将皮子折出形状，中间缝实，最后整个立体地缝在鞋面上，蝴蝶结紧紧贴在鞋面，但与鞋面之间又有空隙，走路一点不碍事，但又有了灵气。老伴儿拿到鞋子时，倒有点害羞，一把年纪了，还穿一双有蝴蝶结的皮鞋。

老伴儿去世，对老鞋匠来说是个打击，不用说出口，头发一夜就白了。孩子给租了铺子，对他来说确实是一种安慰。人没有事做的时候，才老得格外快。修鞋有修鞋的规矩。老鞋匠给人修鞋，总要先戴上胸前挂着的老花镜，把鞋子举起来，离眼睛有一段距离，看看这鞋子的问题出在哪里，提些建议，有时候也不会为了修鞋而修，告诉客人这双鞋子不值得修，穿了伤脚，不怕客人生气。

他总强调质量要好，可什么是质量好，他没有一个概括，大概就是他常说的舒服、耐穿、真皮实跟、不掺假。一双鞋关系到走路，鞋子穿不好，是要腰酸、膝盖痛的。虽然他也不能理解现在的潮流，也不懂什么叫设计，可老鞋匠的话总是很有道理。如果看见鞋子里塞的是纸，一向和蔼的老鞋匠是要忍不住高声两句的，做这种鞋子的人是坏了心眼儿的。

大多时候客人送来鞋子，老鞋匠会说："走吧，我知道了，明天来取就行了。"铺子里放着皮料、鞋底、鞋跟、白乳胶、黄胶、粘底的胶水、削皮机、打磨机、钳子、锤子、钉子……井井有条，老鞋匠做小事做得也认真，从不乱放工具。地上也看不到垃圾，他总是及时清理，如果铺子一脏，他心里就难受。老鞋匠从上班就套上皮围裙，总给人穿着很厚实的感觉，左右胳膊戴一副深蓝色的套袖，缝鞋子的时候，手真是有力气，那双手是糙的，长满老茧，但很宽厚。工作的时候，他的眼睛是亮的，能感受到他的快乐，是从来不说的快乐，他也很少笑。

看不见的隐患，老鞋匠也会主动帮客人检查，像医生那样。他把手伸入到皮鞋膛内探摸各处是否有影响穿用的缺陷，比如鞋垫是一直垫到鞋头，不短也不长，再比如鞋里是否平整，是否有离钉尖和钉尾不平等的情况。鞋子交给老鞋匠，就可以放一百个心。鞋子修好，他一定会用绒布仔细擦拭一遍，最后打上鞋油，锃锃亮，还给客人的时候宛如一双刚出厂的新鞋。

这附近的人都在老鞋匠这里得到了好处，谁的鞋子坏了都在这得到了修补，谁的脚也都在这得到了照顾。收废品的人拖着破鞋在门前走过，也被老鞋匠叫过来，能缝就缝上，补不上的就把客人不要的鞋子修一下给他穿。一来二去，老鞋匠的人缘好起来，桌子上不时摆着隔壁家的桃酥，要不然就是炒货，还有让他带回去做饭的新鲜小菜，相互照应着过了许多时日。

混熟了的人，能听老鞋匠自己过去在工厂里的趣事，说起自己曾经做过一双缝着蝴蝶结的皮鞋，真是精巧，现在是再也做不出了，只剩下修鞋的手艺。不知道是老鞋匠真的做不出了，还是没有人值得他再去做了。

赏读

在城市的每一个角落，只要我们细心发现，总会遇见默默持守着传统工艺的"手艺人"。他们或许是一手剪刀一手梳子的街边剃头匠，或许是提起两屉包子冒出腾腾热烟的包子师傅，又或许是祝小兔笔下的上海老街道旁的老鞋匠。

老鞋匠的故事，使我们想到最近这些年常常提起的"匠人精神"。何为"匠人精神"？相关的阐释有许多，但总体来说，共识的部分是，在自己的领域专注一件事情并将之做到极致，对高质量和完美细节的执着，一套不以名利为核心的世界观与价值观，一种对职业操守和诚信的坚持。我们想想，假如每一个卖家都将自己的商品、服务当作是艺术品和艺术一样去认真对待，买家还会有“买到假货、水货”的忧心吗？各种投诉还会如此层出不穷吗？“诚信”和“尊重”是消费活动中“安全感”的全部来源。

那么，老鞋匠的“匠人精神”和“诚信精神”体现在哪里？

其一，是对自己职业的认同感、自豪感。“工作的时候，他的眼睛是亮的，能感受到他的快乐，是从来不说的快乐”，一个手艺人的自尊自傲，让老鞋匠敢于让客人等上两到三天，只为打造、制作一双价格并不高的手工纯皮鞋，只因那份自信，“质量是没话说的，不会出现商城里开胶脱线的情况”。老鞋匠作为一个从旧时代走过来的人，待人处世始终保持着一份“过时”的认真与纯粹，在这么一个崇尚批量复制、快速扩张规模的时代，仍然坚持自己那套缓慢而认真的标准。

其二，是对品质、质量的在乎，从商品质量到服务质量。制鞋工业化生产冲击着传统的修鞋技艺。随着消费水平的提高，大多数人在鞋子坏了的时候，一般不像以往那样拿给鞋匠修补，而是干脆买新的，但为何还是有人执着地将损坏的鞋送到老鞋匠的工作台上呢？作者在文中有这么一句话：“老鞋匠比自己还了解你的脚。”大家之所以放不下、丢不开传统老鞋匠的修补，就是因为鞋匠的敬业精神、服务质量。他可以根据客人的具体需求和情况，做出与客人的脚更为契合、穿上更为舒适的鞋子。他用一生坚守着“诚信待客”的职业原则。

修补鞋子如此，做鞋也如此。做鞋时，一双手工纯皮鞋的制作都“跟一般的师傅做法不一样”，给客人量脚定制鞋子模型时“特意用纸板插入鞋内，以便留出一些空间，如此定制完后，穿在脚上才更感觉舒服。首先要将鞋帮打样定样，接着将剪好的鞋帮进行缝纫，然后再经过定型、钳帮、复底等多个工序，最后上光”。修鞋时，就连看不见的隐患也会主动帮客人检查，“像医生那样。他把手伸入到皮鞋膛内探摸各处是否有影响穿用的缺陷，比如鞋垫是一直垫到鞋头，不短也不长，再比如鞋里是否平整，是否有离钉尖和钉尾不平等的情况……鞋子修好，他一定会用绒布仔细擦拭一遍，最后打上鞋油，锃锃亮，还给客人的时候宛如一双刚出厂的新鞋”，因此，“鞋子交给老鞋匠，就可以放一百个心”。也许他做的鞋子已赶不上现代流行的步伐，但他“诚信待人”的美好品质永不过时。

老鞋匠予人的那份尊重和诚实，以诚待人，是老鞋匠“隐形”的招牌。

老鞋匠“修鞋有修鞋的规矩”：一方面“不会为了修鞋而修”，不能修、不值得修的鞋总是坦然向客人言明；另一方面从不造假、掺水，“如果看见鞋子里塞的是纸，一向和蔼的老鞋匠是要忍不住高声两句的，做这种鞋子的人是坏了心眼儿的”。“诚信”是老鞋匠经商的底线，又使得老鞋匠的店里满溢着人情味。不但是来来往往的街坊的脚在老鞋匠这里“得到了照顾”，那份在现代社会里岌岌可危、千金难求的信任感和尊重感，也都在这一双双的鞋子里了。

作品

信赖无价[①]

叶延滨

庄子常常有特别不一样的想法，这成就了他。常与庄子论辩的惠施死了，庄子感伤地说，没有对手了，没有什么可与人交谈了。由此还引出了“郢人斫垩”的典故：有个郢都人仔细地在鼻尖上抹了像蝇翅一样薄的石粉，叫石匠朋友用斧头削掉它。石匠把斧头挥得呼呼带风，将石粉削去而郢人的鼻子没有一点受伤。郢人稳稳地站着不动，面不改色。国君听说了，叫来石匠，让他给自己表演。匠人说，我可以给你表演，但敢站在我斧头前的那个人死了。这个故事从庄子嘴里说出来，是有伯牙子期“知音对手人生难得”的感叹，后来变成典故则常用来夸奖人的技高、胆大、心细。其实，这个故事的一号主角，是那个鼻子尖上抹石粉的人。他和运斧者一样也胆大、心细。他还多一条，心中揣着信赖。有了信赖才会胆子大，才可能“立不失容”。信赖，无价珍贵！信赖，也是这个故事的底色。

在现代社会里，我们生活得安心平和，不是因为我们没有站在一个挥动斧头的人面前等待他削去鼻子上的石粉，而是我们的处境，也许比那个郢人有更大的风险。然而，我们在风险中处之泰然，是胆大？是心细？都不是，是因为我们对风险中

① 选自《幸福》（2017 年 24 期），有改动。叶延滨，1948 年生于哈尔滨，《诗刊》主编。著有诗集《不悔》《二重奏》等。

的那个“现代运斧者”充满信赖。最直接最明白的例子，就是坐飞机。

坐飞机是一个风险极高的事情，然而我们坐上飞机，听广播安全提示，一点也不慌张。是因为胆大吗？不是。是心细吗？更不是。只是因为信赖，信赖航空公司的飞行纪录，信赖统计表上的事故发生概率小于其他的运输工具。如果没有这种信赖，坐飞机是非常恐怖的经历：坐上飞机，你先想天气，风向，雷电，有没有下切风，会不会撞上飞鸟而机毁人亡；再想飞机运行了多少年，发动机是否会出问题，油管会不会漏，电路会不会老化，螺丝会不会松……

有一次在郑州排队上飞机，突然说飞机轮子有问题，换了飞机。那次万一没发现，上了天能否下地，悬！还有驾驶员今天心情好吗？跟老婆吵架了吗？一次在首都机场排队上飞机，从玻璃窗看见一个老外机长嚷嚷着下了飞机，于是后来的事情变成给我们每人发400元钱，让我们换航班。之所以发钱，据懂外语的乘客说，机长生气地喊罢工！这喊声让人听见，就不能说“天气”或“空管”的原因了。航空公司只好发钱了事。回想起来，钱是小事，如果那个机长生气了不是嚷嚷下飞机，而是憋在心里照飞，憋不住了或憋成抑郁症，想想都怕。尽管出了德国飞行员蓄意造成机毁人亡的惊天命案，但全世界的飞机还是按部就班地起飞降落。原因很简单，人们只有继续保持对航空飞行的信赖，才可能正常地在这个星球上往来。

保持对现代技术及其管理者的信赖，这是享受现代文明的先决条件。想一想，不乘飞机坐高铁，高铁也会发生事故。不坐高铁坐汽车，汽车出事的概率更高。那么不出门，宅在家里。电在身边，电器安全否？天然气进了家，天然气管也会有砂眼。都关了，再关门关窗，这房子合不合格？吃的安全吗？自来水有无污染？不吃不喝只喘气，这空气PM2.5值又是多少……

天啊，每个享用现代文明成果的人，都是那个站在挥动大斧头的石匠前的郢人！对上天入地的交通和密布在身边的气、电、水……必须充满信赖，否则活不下去。这种信赖让我们有正常的生活。现代高度文明的和谐社会从本质上讲就是高度“诚信”的社会。

于是我想到现代社会所有环节上的管理者，无论是部长、市长还是飞行员、检修工，无论是高管、经理还是卖肉的小贩，每个人都一样，请务必以最大的诚意和敬业来面对人们给予的这种无价信赖。我们不可能带个降落伞乘飞机，也不可能背着化验室上菜场买一块肉。

当一个社会没有了诚信，那么每个人面前都有一把飞舞的大斧子。

庄子讲的故事，太老，也像刚出炉的头条新闻……

赏读

“郢人斫垩”，表面上是一个关于“胆量”和“勇气”的故事，但本质上是一个关于“信任”和“信赖”的故事。

作者在开篇谈到，庄子对这一典故有着“不一样的想法”，是因为在庄子的理解中，“郢人斫垩”的重点不在于石匠的技高手稳、胆大心细（真正胆子大的恐怕是站在他面前的那个在鼻子尖上抹石粉的郢人），而在于彼此间的一份“信赖”。有了“信赖”，石匠手不抖眼不花；有了“信赖”，任利斧削面，郢人也面不改色、“立不失容”。正因为这种信任是双向的、相互的，因此无比珍贵，遇上了，就像“知音”“知己”一般稀有难得。

庄子谈“郢人斫垩”见于《无端崖之辞》，他在旧友惠子的墓前以这一典故来比喻失去惠子的自己，就犹如失去郢人的石匠，感叹“自夫子之死也，吾无以为质矣！吾无与言之矣”，意思就是，惠子死后，再没有能与自己交心、论辩的对象了。事实上，庄、惠二人的友情是十分微妙的，二人不仅个性不同，在很多理念观点上也常有分歧。著名的“惠子相梁”事件，堪称是这一段友情当中最严重的“信任危机”：惠子在名利面前，失去了对好友的信任，而庄子面对朋友的猜忌和防备，也一针见血，甚至是略显刻薄地以“鸱吓鹓雏”的故事讽刺、反击了回去。庄、惠之友情，虽然并非是完全纯粹、美好的，但二人若非“棋逢对手”、势均力敌，也不会有流传千古的“子非鱼”论辩了。正因相知相惜的对象难寻，即便是挚友，在各种风险、考验面前都难以达到默契，所以彼此信任才更显得弥足珍贵，这才是庄子引用“郢人斫垩”典故的原因：知己难求，信任难得。

但这个故事在作者的演绎中，又带出了当代生活中一个有趣的悖论：在高度文明的现代社会，“信任”给了我们“胆量”和“勇气”，然而去“信任”，却又需要更多的“胆量”和“勇气”。

如作者所说，石匠与郢人间的“信赖”是这个故事的底色。而在现代社会里，我们生活得坦荡安心的“底色”，就是对科技文明、社会规则的信任，因为“保持对现代技术及其管理者的信赖，这是享受现代文明的先决条件”。

是什么让坐在飞机上的人自然而然地“相信”飞机不会掉下来？是以航空公司的飞行纪录为代表的社会信用体系，是负责任的飞行员，是无比精密的仪器和硬件。换言之，我们面不改色、稳如泰山，是因为相信风险中的那个“现代运斧者”不会伤害到我们。然而在当下，这份“安全感”还坚固吗？在各种负面新闻、恶性事件频出的当下，那份本应是理所应当、牢不可破的信任，开始出现了裂缝，“底气”与“不安”此消彼长，我们从“相信”转为“选择相信”，我们闭上眼睛，不敢凝视利斧，但嗖嗖的风声已足够让人提心吊胆。“猜疑链”一旦产生，每个人都是庄子和惠子，每个人都将要尝到相互防备、相互对抗的苦涩。

作者说“现代高度文明的和谐社会从本质上讲就是高度‘诚信’的社会”，也就是说，没有“诚信”的社会，就不会有高度的文明与和谐，也因此“每个享用现代文明成果的人，都是那个站在挥动大斧头的石匠前的郢人！”而假如面对挥舞的利斧，我们不再站得那样直、那样稳，后果将不堪设想。

作品

信用解码①

王跃文

中国金融界面临尴尬：钱锁在柜子里发了霉却不敢贷出去，企业和老百姓缺钱却很难从银行借到一分一厘。谁都清楚，银行被有借无还的无赖们弄怕了。银行的不良资产到底有多少，官方守口如瓶，世人费尽猜度。

银行只好谨慎起来：尽量减少信用贷款，多些抵押担保贷款。据说这是市场经济的惯例，西方发达国家都是这么做的。此说我尽管不太相信，但自己从来没有出过国，也只好将信将疑了。大凡端坐庙堂言必称西方的，多半是那些三天两头出洋的人；尽管他们常去的地方不过就是赌城拉斯维加斯，我们也只有洗尽耳朵，恭恭敬敬听他们操中文说洋话了。

我姑且相信压缩信用贷款是金融运作方式的进步，可此等进步无可奈何地折射出社会道德的退化。信用贷款的前提是信用，银行苦于信用日渐失落才退而求其他。如果说银行讳莫如深的不良资产意味着爆发经济危机的可能，那么信用的沦丧却预示着整个社会根基的大崩溃。信用危机的灾难将更甚于经济危机。稀缺的自然资源往往是在濒临枯竭时人们才知道保护

---

① 选自《全球100位名人与中学生谈诚信》（花山文艺出版社2007年版）。王跃文，1962年出生，湖南溆浦人，当代作家。代表作有《国画》《朝夕之间》《无雪之冬》等。

它，而信用却是在越来越稀缺时人们才意识到它也是宝贵的社会资源。说信用是资源，自然有它经济学意义上的理由，但却太功利了，太冷冰冰了。信用岂止是资源，它是社会赖以维系的最起码也是最重要的道德要素，就像空气和水，人类须臾不可或缺。

汉字是中国人的灵魂密码，信即人言，说话算数。可这么一个讲究信用的古老国度，缘何越来越轻诺寡信了呢？经济学家会有高见，社会学家亦有妙论。我等平常人不懂学理概念，只有司空见惯的常识。当一位长官一拍脑袋决策一个项目时，不仅注定这个项目的贷款有去无回，而且到时候银行想找个讨论信用问题的对象都不知上哪里去；当那些形形色色的不法之徒为了贷款 100 万而花去 20 万贿赂成本时，他从准备借钱的那一刻起就没想到要还钱，而银行有关人员更是不敢去找别人讨论信用问题。常识告诉我，为信用危机埋下祸根的是少数官员的无能和腐败。

早几年席卷全国的传销狂潮，人们记忆犹新。那也许是中国历史上亘古未见的信用大劫难：乡情、友情、爱情、亲情等最后一线可以维系信用的情感资源，也被蝗虫一样涌来涌去的传销流民作为牺牲送上了祭坛。人们都知道传销术是未经国家许可的西洋水货，可曾想过它其实也是我们自己信用饥荒的必然。

信用是文化。文化基因浸润在民族血液之中，一旦沾染毒素，将会谬种流传，贻害子孙。一个谁都不相信谁的社会是不可思议的。于今之计，拯救信用，功德无量。

赏读

文章名字叫作《信用解码》，而恐怕我们当下遭遇的，是“信用解体”。别说熟人间害怕听到“借钱”二字，连银行也被“有借无还的无赖们”弄得无计可施，不敢借钱给企业和老百姓。在当今社会，“诚信”已经俨然成为一种稀缺的文化资源，而我们还在无意识地污染、消耗乃至透支着它。

银行“尽量减少信用贷款，多些抵押担保贷款”意味着什么？压缩信用贷款意味着“信用”已不再可信，恐怕唯有“抵押”才能对借贷行为起到些许威慑力和约束力。我们不愿将信用视作一种冰冷的经济学意义上的资源，是因为“信用”本该是一个高度文明、和谐社会应该具有的基本素质，就好像井里有水，天上有太阳，但如今，井水枯竭了，阳光也被乌云遮蔽，没有了水和阳光，万物无法生长，而“信用的沦丧却预示着整个社会根基的大崩溃”。

为什么说信用危机的灾难将更甚于经济危机？因为“诚信”的崩坏意味着人们会对集体、社会、民族乃至整个文明体系产生失落甚至质疑，“文化基因浸润在民族血液之中，一旦沾染毒素，将会谬种流传，贻害子孙”。近年来，随着市场开放，经济高速发展的光芒之下，难以掩盖的是“诚信”价值观遭遇的重创：一部分人通过“钻空子”“走捷径”的方式，不合规、不合法地谋求财富，甚至丰厚的回报使得这种行为产生了恶劣的“示范效应”。在追逐利益的趋势下，遵纪守法的人成了“不知变通”的“傻子”，没有人从道德层面去批判“聪明人”，而是急于效仿，更为可悲的是，中国社会本身就存在着根深蒂固的“官本位”思想和特权阶级意识，使得越来越多的人接受了这样一种“社会达尔文主义”。没有公平、合理的法律制度，“见利忘义”渐渐成为一种心照不宣的“游戏规则”。

在“一个谁都不相信谁的社会”里，“丛林法则”大行其道是不奇怪的。作者一方面承认，在相关制度并不健全的情况下，为信用危机埋下祸根的是少数官员的无能和腐败；另一方面，“可这么一个讲究信用的古老国度，缘何越来越轻诺寡信了呢?”这恐怕才是更让人恐惧和深思的吧。

作品

诚信是金[1]

柳千岸

人以诚立身，国以诚立心。诚信作为一种价值理念，是社会主义核心价值观的重要内容。古往今来，诚信都是社会不可或缺的运行规则，是社会进步无比珍贵的精神财富。当代中国，正处在全面深化改革的关键期，处在完善社会主义市场经济体制的攻坚期。市场经济在推动经济社会发展的同时，也带来了拜金主义、一切向钱看的错误思想观念，诚信缺失、道德失范问题已成为社会公害，严重损害经济健康发展，影响社会正常秩序，扰乱人们心灵世界。可以说，无论对个人、企业，还是对社会、国家，诚信都是无价之宝。

对个人而言，诚信是高尚品德。中华民族向来推崇“诚外无物”，视诚信为千金不易的可贵品质，正所谓“君子养心，莫善于诚”。对诚信的执着与坚守，已深深熔铸于中国人的精神血脉，成为中华传统美德的精神因子。千百年来，商鞅徙木立信的故事广为流传，“一诺千金”的佳话不绝于史，人们心向往之、行践履之。“诚信农妇”武秀君、“信义兄弟”孙水林孙东林、“油条哥”刘洪安，一个个响亮的名字、一件件感人的事迹，生动展现了当代中国人以诚立身、守信践诺的精神风貌。不管岁月如何变迁，不管环境如何变化，诚信永远是景

① 选自《人民日报》（2014 年 9 月 5 日），有改动。

行行止的道德品质，永远是安身立命的道德标尺。面对各种各样的利益和诱惑，每一个人都应该重信守诺，坚守做人做事的道德底线，真诚做人、守信做事，让诚信成为不懈追求和自觉行动，充盈工作学习生活的各个空间。

对企业而言，诚信是黄金资产。市场经济是信用经济、契约经济。企业作为市场经济的主体，诚信是其生存发展的“通行证”，是至关重要的无形资产。百年老店同仁堂恪守“炮制虽繁必不敢省人工，品味虽贵必不敢减物力”，以诚信铸造金字招牌，历经沧桑而常青不衰。“晋商”“徽商”以信用为上，各领风骚数百年。今天中国的电子商务，每日达成上亿笔网上交易，每笔交易都是信用在流动。在市场经济大潮中，那些诚信经营的企业，客户主动上门，银行主动上门，合作伙伴主动上门，优质资源汇聚，发展如鱼得水。反观那些不讲诚信、不守信用的企业，即使逞一时之势、得一时之利，也终将因信用“亏空”而被淘汰出局。现在，注册一家企业门槛很低，但要发展壮大，信用的标准不能降低，必须坚持以诚兴业、信誉至上、履约践诺，擦亮企业的诚信“名片”，靠信誉打造品牌、占领市场，赢得发展优势。

对社会而言，诚信是公序良俗。“诚信者，天下之结也。”诚信是社会关系的无形纽带，没有诚信这个“结”，社会就像断了线的珠子，散落一地。近年来，社会上各类失信现象屡屡发生，加重了人们的戒备心理，买东西怕挨宰，捐钱怕被侵吞，与陌生人交往怕上当，就连面对老人摔倒也害怕被“讹”而不敢扶。诚信是社会和谐和睦的基本前提，是社会顺畅运行的润滑剂。现在，我国市场化、城镇化进程加快，正在从传统的“熟人社会”向现代的“陌生人社会”转变，经济社会交往常常在陌生地、陌生人之间进行，对社会诚信的要求更高、标准更高。增强社会诚信、促进社会互信，实现政府治理和社会自我调节、居民自治良性互动，是推进国家治理体系和治理能力现代化的必然要求和重要方面。

对国家而言，诚信是重要的软实力。人无信不立，国无信则衰。国家的诚信形象、国民的诚信品格，是重要的软实力。当前，中国和世界的关系正在发生历史性的变化，我们在国际上说话分量越来越重，除了综合国力蒸蒸日上，还有一个重要原因，就是我们重情义、讲诚信。国不分大小，一律平等相待；事不分亲疏，一律以理服人。中国作出的承诺、答应的援助，一向说话算话，不附加任何政治条件。现在，我国已是世界第二大经济体、第一大贸易国，与其他国家和地区的经济社会交流更加密切。加强诚信建设、打造诚信中国，对于深化国际贸易和交往、树立国际品牌和声誉，对于提升国家软实力和国际影响力，显得尤为紧迫和重要。

加强诚信建设关键在于制度化。诚信精神的树立、诚信风尚的培育，离不开广泛深入的宣传教育，但仅靠道德教化、叩问良心是远远不够的。加强诚信建设，必须用制度保驾护航，把道德伦理的柔性规范与制度法律的刚性约束紧密结合起来，实现诚信建设制度化常态化发展。今年以来，最高人民法院等部门公布失信被执行人“黑名单”，效果立竿见影。那些“老赖”不仅曝了光、丢了脸，还坐不了飞机、贷不了款，半年之内就有万名“老赖”主动还钱，这就是制度的威力。制度是全方位、多层面的，基础是建立覆盖全社会的征信系统，关键是完善守信激励机制和失信惩戒机制，让守信者处处受益、失信者寸步难行。前不久，国务院颁布《社会信用体系建设规划纲要（2014—2020年）》，中央文明委出台《关于推进诚信建设制度化的意见》。贯彻落实好有关要求，大力推进诚信制度化建设，构建起不愿失信、不能失信、不敢失信的体制机制，建设诚信社会、诚信国家的目标就一定能够实现。

赏读

将这篇文章放在本部分的结尾处，是因为本文既是对“诚信”概念最完整、全面的阐释，也是对本部分其他作品内容的高度归纳、总结，更是对“诚信”的时代意义、价值的深入述评。从物质到精神，从个人到企业，到社会，到国家，由小及大，从微观到宏观层层递进。无论是“诚”也好，“信”也罢，不能否认其作为一种重要的美德、道德，根植于我们中华民族悠久的文化传统，但那种以“货真价实，童叟无欺”为代表的朴素的商业诚信观，归根结底是农耕文明、自然经济条件前提下的产物。而随着时代的变迁，诚信的语义及内涵都发生了改变，如今我们再谈到诚信，固然应该重视其作为一种传统美德、品行的文化价值，但更要注意将其放在现代的社会框架、经济框架当中去，将其作为一个高度文明、和谐社会的核心价值观念，也作为一个成熟、健全的市场体制的强大保障。

“人以诚立身，国以诚立心”——古人之所以重视传统的“诚信”，是因为统治者能否“取信于民”，是其政权能否稳固的重要指标之一。统治阶级的“信”，直接关系到社会稳定甚至一国一朝一邦的兴灭存亡，这是“立信”作为中国传统文化中的重要元素在政治维度上的体现。而从经济维度来看，当今的中国早已身处激烈的国际竞争中，而放眼我们对于市场经济规则、法制经济规则、契约经济规则、信用经济规则等一系列现代规则的制定，远未达到完善、健全的境界，相反，近年来，在巨大利益的驱动诱惑下，不少个人和企业利用制度的缺陷漏洞，制假造假、违法违纪的恶性事件频频发生，这既使得传统的诚信观念受到冲击，也阻碍了人与人之间良性法则、“契约精神”的生成。

切磋琢磨

1. “善于经商”是外界对潮汕人一个较为普遍的认知与印象。侨批背后承载的契约精神与口诺，传递出潮汕的人文精神，试通过对马伯良这一人物的分析，谈谈你的认识。

2. 在作者的笔下，部分深谙“借钱”之道的人看似既享受了金钱上的利益，又获得了精神上的“胜利”。这样的人是成功的吗？如何评价这种“聪明人”的得失？“诚信”为何在借贷行为中遭遇这样的困境？你认为该如何解决这种“借”与“还”之间的困境？

3. 你同意作者对中国文化黑暗面的论述吗？怎样看待传统文化中同时存在的“诚信”与“巧伪”这两个极端？你认为传统文化语境中的“诚信”能否变为现代意义上的“诚信”？

4. 你认为老鞋匠这样的经商理念在当代市场经济中有竞争力吗？请就此谈谈你理解的“匠人精神”。

5. 尝试梳理自己对“诚信”的时代意义、价值的思考，从物质角度和精神层面、个人角度和集体角度谈谈你对“诚信”现代框架的理解。

以信泽利

导读

改革开放四十多年以来，中国经济发展迅速，人民生活水平不断提高。与此同时，我们社会也出现了不少问题，唯利是图，社会道德底线下移，商业诚信缺失等，以至近年来各个领域造假现象严重，三鹿“毒奶粉”、“染色馒头”、长春假疫苗等恶性事件时有发生，商业诚信面临危机。我们认为，诚信教育不应该仅仅停留在一般训诫的概念。为此，我们在设计本部分内容时，以商业小说为主，通过小说所描写的具体事件、刻画的人物，引发深入的思考。经商求利，天经地义，但是如何求利，我们也许可以从高阳的《红顶商人胡雪岩》、成一的《白银谷》、邓九刚的《大盛魁》三部小说中找到答案。

中国人自古经商有其自身的诚信传统，有自己的“义利观”。儒家的“义利观”给予古代商人很大的影响。儒家把“义”和“利”看作是既对立又统一的整体。孔子认为对利的追求符合人的本性，他在《论语·述而》中说：“富而可求也，虽执鞭之士，吾亦为之。”但是当这种对利的追逐危害到整个社会和经济交往的秩序时，就应该用道德规范加以限制，“义”就是一个重要的道德规则。孔子认为“君子喻于义，小人喻于利”，要求把义放在首位，“见利思义”“义以生利”；孟子主张先义后利，以义统利，坚持培养“配义与道”的浩然正气；荀子提出“先义而后利者荣，先利而后义者辱”（《荀子·荣辱》）的观点。他们都强调“义”的重要性。随着西汉对儒家思想的尊崇，儒家之“义”也成为渗透在传统中国社会各个角落的文化气氛。李刚、刘建仓著的《诚行天下》，第一次将中国传统商人诚信文化的内涵概括为“一言九鼎、言不二价、货真价实、戒欺戒诈、见利思义、宅心仁厚、忠厚为本、以义求财、以人为本、驽而不贪、吃亏是福、和气生财”。这里“中国传统商人”，是指自春秋战国直到近代西风东渐所引致的按近代经营理念从事商业活动的新式商人产生以前，中国的私人或私营商人。

“晋商”“徽商”以信用为上，各领风骚数百年。20 世纪 80 年代以来，以晋商、徽商为传统的商业文明引来学界的关注，晋商、徽商等商人群体也成为作家描写的主要对象。晋商作为我国明清时期强大的商业团体，“汇通天下”是对晋商辉煌时期最精辟的概括。以义制利的诚信原则是晋商闻名于世的制胜法宝。正是由于笃信诚信、坚持诚信第一的原则，晋商得以在激烈的商海中屹立不倒，称雄商界。成一的《白银谷》、邓九刚的《大盛魁》，是极具代表性的商业小说。他们以晋商这个群体为话语对象。在《白银谷》中，无论是遭遇因五娘遇害、老帮自杀而引发的津号遭挤兑的金融风潮，还是赶上八国联军入侵、京城失守、票号金银遭劫、账本丢失等劫难，天成元票号都坚守“诚信”，不失信于民。面对“庚子”事变遭遇的劫难，票号自身本已损失惨重，但东家康笏南不惜打开祖传的秘密银窖，源源不断往京师投放现银，重视商业诚信，体现了一种不失信天下的气魄。在《大盛魁》中，讲究信义的大盛魁在归化城只做大买卖，把小生意留给其他商家，善待生意伙伴，“顶印索债”事件展示的就是大盛魁对生意伙伴的诚信。此类细节在小说中多有体现。晋商多能处理好义、信、利三者的关系，商人最为看重的“利”被排在最末一位，晋商崇高的思想境界和社会责任感由此凸显。山西祁县乔家把义、信、利的排序郑重地写在家训上，这三个字排在第一的不是利，而是义。乔家做生意讲究的是以义制利；其次是信，讲诚信，无信不立；利排在第三。以这样的顺序做生意，才称得上“厚德”，商家子弟能够从中获得最直观的启示。事实上，著名的晋商家族一般都是百年老店，无论是祁县的乔家、渠家，还是太谷的曹家，榆次的常家，以及介休的侯家，其存在乃至辉煌大致都有一两百年的历史。

徽商在经营中形成了“诚”“信”“义”“仁”的价值取向，在中国近代经济发展历史上有着重要的地位。徽商精神是历史上徽商主流群体认可的思想意识、意志品格、价值取向和道德操守。徽商精神不仅是徽商创造商业辉煌的精神支柱，更对明清社会产生了积极而深远的影响。徽商精神内涵极其丰富，徽商素以“尊儒”“业儒”而闻名，儒家的诚信观始终贯穿于徽商的经营艺术中，“诚信”作为商业道德的核心在徽商的发展中体现出很高的价值。崇尚信义、以质取胜、薄利竞争、以诚待人、以信服人成为众多徽商的信条。这些在高阳的《红顶商人胡雪岩》都有所展现。

商业小说大多长篇巨著，读起来有一定的难度，但这类小说人物形象丰富，描写事件惊心动魄，不仅好看，而且蕴含中华民族宝贵的诚信文化遗产。适量阅读商业小说，了解中国传统商人在长期的商业经济活动中，形成的以诚信为主要内容的商业文化，对构建社会主义市场经济诚信文化，打铸中国特色社会主义新时代的商业精神有其重要的现实意义。

习近平总书记在《在纪念孔子诞辰2565周年国际学术研讨会暨国际儒学联合会第五届会员大会开幕会上的讲话》中指出：“不忘历史才能开辟未来，善于继承才能善于创新。优秀传统文化是一个国家、一个民族传承和发展的根本，如果丢掉了，就割断了精神命脉。”习近平总书记在主持召开文艺工作座谈会时又再次突出强调：“中华优秀传统文化是中华民族的精神命脉，是涵养社会主义核心价值观的重要源泉，也是我们在世界文化激荡中站稳脚跟的坚实根基。”优秀的民族文化是一个民族最崇高的精神支柱。

经济发展应该与诚信并行，而不应背道而行，失去诚信就是失去未来。为了社会主义市场经济的发展，我们呼唤诚信，首先对优秀传统文化进行继承与发扬。我们党所提倡的“八荣八耻”社会主义荣辱观，其中之一就是“以诚实守信为荣，以见利忘义为耻”；党的十八大报告也把“诚信”纳入社会主义核心价值观体系。其次，建立以诚信为主要内容的市场经济规则和社会诚信制度。国务院颁布的《社会信用体系建设规划纲要（2014—2020年)》，中央精神文明建设指导委员会提出的《关于推进诚信建设制度化的意见》，为完善社会主义道德范式，引导市场经济真真正正走到诚信的轨道上来提供了理论依据。

作品

红顶商人胡雪岩（一）（节选）①

高　阳

罗尚德存款②

……

就在胡雪岩动身到湖州的前一天，傍晚时分来了一名军官，手里提着一个很沉重的麻袋，指名要看“胡老板”。

“请坐，请坐！”刘庆生亲自招待，奉茶敬烟，“敝东因为要到湖州，已经上船了。有话跟我说，也是一样。”

“不！我一定要当面跟胡老板说。能不能请他回来一趟，或者我到船上去看他。”

既然如此，没有不让他去看胡雪岩的道理，事实上胡雪岩也还不曾上船，是刘庆生的托词，这时候便说：“那么，我去把敝东请了来。请问贵姓？”

那人把姓名官衔一起报了出来：“我叫罗尚德，钱塘水师营十营千总。”

“好！罗老爷请坐一坐，我马上派人去请。”

---

① 选自《红顶商人胡雪岩》（江苏文艺出版社2012年版），有改动。高阳（1922—1992），台湾作家，原名许晏骈，浙江杭州人。著有小说《慈禧前传》《清宫外史》《风尘三侠》等。

② 题目为编者所加。选自《红顶商人胡雪岩》第一部第233－238页，第二部第104－105页。

等把胡雪岩从家里找了来，动问来意，罗尚德把麻袋解开，只见里面是一堆银子，有元宝，有圆丝，还有碎银子，土花斑斓，仿佛是刚从泥土里掘出来的。

胡雪岩不解，他是不是要换成整锭的新元宝？那得去请教“炉房”才行。

正在这样疑惑，罗尚德又从贴肉口袋里取出来一叠银票，放在胡雪岩面前。

“银票是八千两。”他说，“银子回头照秤，大概有三千多两。胡老板，我要存在你这里，利息给不给无所谓。”

“噢!”胡雪岩越发奇怪，看不出一个几两银子月饷的绿营军官，会有上万银子的积蓄。他们的钱来得不容易，出息不好少他的，所以这样答道：“罗老爷，承蒙你看得起小号，我们照市行息，不过先要请问，存款的期限是长是短?”

“就是这期限难说。”罗尚德紧皱着他那双浓密的眉毛，一只大手不断摸着络腮胡子，仿佛遇到了极大的难题。

“这样吧，是活期。”胡雪岩谈生意，一向派头很大，“不论什么时候，罗老爷要用，就拿折子来取好了。”

“折子倒不要了。我相信你!”

事情愈出愈奇，胡雪岩不能不问了：“罗老爷，我要请教，你怎么能存一万多银子，连个存折都不要?”

“要跟不要都一样。胡老板，我晓得你的为人，抚台衙门的刘二爷，是我同乡，我听他谈过你。不过你不必跟他提起我的存款。”

听他这几句话，胡雪岩立即便有两个感想：一个感想是，罗尚德对素昧平生的他，信任的程度，比相交有年的小同乡还来得深；一个感想是以罗尚德的身份、态度和这种异乎寻常的行为，这可能不是一笔生意，而是一种麻烦。

他是不怕麻烦的，只觉得罗尚德对他的信任，便是阜康信誉良好的明证，因而对其人其事，都颇感兴趣。看看天色不早，原该招待顾客，于是用很亲切随便的语气说道：“罗老爷，看样子你也喜欢‘摆一碗’，我们一面吃酒一面谈，好不好?”

这个提议，正投其所好，“要得!”罗尚德是四川人，很爽快地答应，

“我不会假客气，叨扰你！酒要高粱，菜不在乎，多给我辣子，越辣越好。”

“对路了！”胡雪岩笑道，“我有两瓶辣油，辣得喉咙会冒烟，实在进不了，今天遇见识家了。”说着，便喊小徒弟到“皇饭儿”去叫菜，酒是现成有的，黄白俱全，整坛摆在饭厅里，再有一样“辣子”，他告诉小徒弟说：“阿毛！你到我家里跟胡太太说，有人送的两瓶平望辣油，找出来交给你。”

等小徒弟一走，胡雪岩照规矩行事，把刘庆生请来，先招呼两名伙计，用天平秤麻袋里的银子，当着罗尚德的面点清楚，连银票两共一万一千两挂零，胡雪岩建议，存个整数，零头由罗尚德带回，他同意了。

银票收拾清楚，酒菜已经送到，拉开桌子，连刘庆生一共三个人小酌，不一会阿毛把两瓶辣油取了来。这种辣油是吴江附近一个平望镇的特产，能够制得把红辣椒溶化在菜油中，其辣无比，胡雪岩和刘庆生都不敢领教，罗尚德却是得其所哉，大喊“过瘾”不止。

“胡老板，”罗尚德开始谈他自己，“你一定没有遇到过我这样的主顾，说实话，我自己也觉得我这样做法，不免叫人起疑。”

“不是叫人起疑心。”胡雪岩纠正他的说法，“叫人觉得必有一番道理在内。”

“对了，就是有一番道理在内。”

据罗尚德自己说，他是四川巴县人，家境相当不坏，但从小不务正业，嫖赌吃着，无所不好，是个十足的败家子，因而把高堂父母气得双双亡故。

他从小订过一门亲，岳家也是当地乡绅，看见罗尚德不成材，虽未提出退婚的要求，却是一直不提婚期。罗尚德对于娶亲倒不放在心上，没有赌本，才是最伤脑筋的事，不时向岳家伸手告贷。最后一次，他那未来的岳父，托媒人来说，罗尚德前后用过岳家一万五千银子，这笔账可以不算，如果罗尚德肯把女家的庚帖退还，他另外再送一千银子，不过希望他到外县去谋生，否则会在家乡沦为乞丐，替他死去的父母丢脸。

这对罗尚德是个刻骨铭心的刺激，当时就当着媒人的面，撕碎了女家的庚帖，并且发誓：做牛做马，也要把那一万五千银子的债务了清！

“‘败子回头金不换’！”胡雪岩举杯相敬，“罗老爷，一个人就怕不发奋。”

“是啊！”罗尚德大口喝着酒说：“第二天我就离了重庆府，搭了条便船出川。在船上心想，大话是说出去了，哪里去找这一万五千两银子？到了汉口有人就说，不如去投军，打了胜仗有赏号，若能图个出身，当上了官儿，就有空缺好吃。我心想反正是卖命了，这条命要卖得值，投军最好。正好那时候林大人招兵——”

林大人是指林则徐。道光二十年五月，英国军队集中澳门，计划进攻广州。两广总督林则徐大治军备，在虎门设防，两岸列炮二百余门，并有六十艘战船，同时招募新兵五千，罗尚德就是这样辗转投身水师的。

但是在广东他并没有打仗，因为林则徐备战的声势甚壮，英军不敢轻犯，以二十六艘战舰，改道攻定海，分路内犯，浙江巡抚和提督束手无策。朝廷命两江总督伊里布为钦差大臣，赴浙江视师，福建提督余步云驰援，在广州的新募水师，亦有一部分调到了浙江。

“我就是这么到了杭州的。”罗尚德说，“运气还不坏，十三年工夫，巴结上了一个六品官儿，也积蓄了上万银子。胡老板，我跟你说老实话，这些银子有来得艰难的，也有来得容易的。”

来得艰难是省吃俭用，一文钱一文钱地累积；来得容易是吃空缺，分贼赃，不然积蓄不来一万一千银子。

绿营军官，暮气沉沉，无不是没有钱找钱，有了钱花钱，只有罗尚德别具一格，有钱就埋在地下，或者换成银票藏在身上，不嫖不赌不借给人。有人劝他合伙做贩私盐之类的生意，可以赚大钱，他亦不为所动，因此，在同事之中，他被目为怪物。

“他们说他们的，我打我自己的主意。我在打算，再有三年工夫，一万五千两银子大概可以凑满了，那时候我就要回川去了。”

“到那一天可就扬眉吐气了！”胡雪岩颇为感动，心里在想，有机会可以帮他挣几文。但转念又想，此人抱定宗旨不做生意，自己的一番好意，说出口来碰个钉子可犯不上，因而欲言又止。

“不过胡老板，现在怕不行了。”

“怎么呢？”

“上头有命令下来，我们那一营要调到江苏去打长毛。”罗尚德的神情显得抑郁，“不是我说句泄气的话，绿营兵打土匪都打不了，打长毛怎么行？这一去实在不太妙，我得打算打算。”

“喔！”胡雪岩很注意地问，“怎么个打算？”

“还不是这一万一千多银子？我在这里无亲无眷，抚台衙门的刘二爷，人倒也还不错，可是我不能托他，他是跟着黄大人走的，万一黄大人调到偏远省份，譬如说贵州巡抚，四川总督，或者到京里去做官，刘二爷自然跟了去。那时候，几千里路，我怎么去找他？”

“这也说得是。阜康是开在杭州不会动的，罗老爷随时可以来提款。”

“一点不错！”罗尚德很舒畅地喝了一大口酒，“这一下，胡老板你懂我的意思了。”

“我懂，我懂！”胡雪岩心里盘算了一会，接下来说：“罗老爷，承蒙你看得起阜康，当我一个朋友，那么，我也很爽快，你这笔款子准定作为三年定期存款，到时候你来取，本利一共一万五。你看好不好？”

“这，这怎么不好？”罗尚德惊喜交集，满脸的过意不去，“不过，利息太多了。”

“这也无所谓，做生意有赚有蚀，要通扯算账。你这笔款子与众不同，有交情在内。你尽管放心去打仗，三年以后回重庆，带一万五千两银子去还账。这三年，你总另外还有收入，积下来就是盘缠。如果放在身边不方便，你尽管汇了来，我替你入账，照样算利息给你。”

这番话听入罗尚德耳中，就好比风雪之夜，巡逻回营，濯足上床，只觉四肢百骸，无不熨帖，想到三年以后，携金去访旧时岳家的那一刻，真正是人生得意之秋，越觉陶然。

“胡老板，怪不得刘二爷提起你来，赞不绝口，跟你结交，实在有点味道。”

“我的宗旨就是如此！”胡雪岩笑道，“俗语道得好：‘在家靠父母，出外靠朋友’，我是在家亦靠朋友，所以不能不为朋友着想。好了，事情说定局了，庆生，你去立个折子来。”

“不必，不必！”罗尚德乱摇着手，“就是一句话，用不着什么折子，放在我身上，弄掉了反倒麻烦。”

“不是这样说！做生意一定要照规矩来，折子还是要立，你说放在身上不方便，不妨交给朋友。”

“那我就交给你。”

“也好！”胡雪岩指着刘庆生说，“交给他好了。我这位老弟，也是信义君子，说一句算一句，你放心。”

“好极！那就重重拜托了！”罗尚德站起身来，恭恭敬敬作了个揖，接着告辞而去。

……

一到杭州，胡雪岩回家坐得一坐，立刻便到阜康，陈世龙已押了行李先在那里等候。行李虽多，尽是些送人的礼物，由刘庆生帮着料理，一份份分配停当，派了一个“出店”陪着陈世龙一家家去分送。胡雪岩则趁此刻工夫，听取刘庆生的报告。

“胡先生，请你先看账。”刘庆生捧着一叠账簿，很郑重地说。

“不忙，不忙！你先跟我说说大概情形。”

“请你看了账再说。”

听他如此坚持，料知账簿中就可以看出生意好坏，于是他点点头先看存款。一看不由得诧异了，存户中颇多“张得标”、“李德胜”、“王占魁”、“赵虎臣”之类的名字，存银自几百到上万不等，而名下什九注着这么四个小字：“长期无息”。

“唷，唷！”胡雪岩大为惊异，“阜康真的要发财了！怎么会有这么多的户头？”

“胡先生！”刘庆生矜持着说，“你再看这一笔账。”

他翻到的一笔账是支出，上面写着：“八月二十五日付罗尚德名下本银一万一千两。息免。”

“喔，原来罗尚德的那笔款子，提回去了？”

“不是！”刘庆生说，“罗尚德阵亡了，银子等于是我送还的。我不知道这件事做得对不对。”

刘庆生细谈这件事的经过，是八月二十五那天，有两个军官到阜康来问，说是听闻罗尚德曾有一笔款子存在阜康，可有其事？又说罗尚德已经阵亡，但他在四川还有亲属，如果有这笔款子，要提出来寄回去。

罗尚德的存折在刘庆生手里，倘或否认其事，别无人证。但他不肯这样做，一口承认，同时立即取出存折，验明银数，但他表示，不能凭他们两个人的片面之词就付这笔存款。

“那么该怎么办呢？”

“我知道罗老爷跟抚台衙门的刘二爷是朋友，要刘二爷跟你们营官一起出面，出条子给阜康。”刘庆生说，“只要罗老爷是真的阵亡，你们各位肯担责任，阜康立刻照付。”

于是那两个军官，当天便找了刘二爷来，共同具了领条，刘庆生即捧出一万一千两银子，还要算利息，人家自然不肯再要。这样到了第二天，张得标、李德胜等等，便都上门来了。

胡雪岩听他讲完，异常满意，“庆生，”他说，“阜康的牌子打响了！你做得高明之极。”

“老实说，”刘庆生自己也觉得很安慰，“我是从胡先生你这里学来的窍门。做生意诚实不欺，只要自己一颗心把得定就可以了。诚实不欺要教主顾晓得，到处去讲，那得要花点心思，我总算灵机一动，把机会抓住了。”

作品

红顶商人胡雪岩（二）（节选）

高　阳

不讲信用就是赖！①

胡雪岩的一乘绿呢大轿，华丽是出了名的，抬到望仙桥，虽然已经暮色四合，但一停下来，自有人注目。加以乌先生了解胡雪岩的用意，关照来接轿的家人，照旧摆出排场，身穿簇新棉“号挂子”的护勇，码头上一站，点起官衔灯笼，顿时吸引了一大批看热闹的行人。

见此光景，胡雪岩改了主意。

往时一回杭州，都是先回家看娘，这一次怕老娘万一得知沪杭两处钱庄挤兑，急出病来，更加不放心。但看到这么多人在注视他的行踪，心里不免设身处地想一想，如果自己是阜康的客户，又会作何想法？

只要一抛开自己，胡雪岩第一个念头便是：不能先回家！多少人的血汗钱托付给阜康，如今有不保之势，而阜康的老板居然好整以暇地光顾自己家里，不顾别人死活，这口气是咽不下的。

因此船一靠岸，他先就询问：“云青来了没有？”谢云青何能不来？不过他是故意躲在暗处，此时闪出来疾趋上前，口中

① 选自《红顶商人胡雪岩》第六部第125－127页，题目为编者所加。

叫一声："大先生！"

"好、好！云青，你来了！不要紧，不要紧，阜康仍旧是金字招牌。"他特意提高了声音说，"我先到店里。"

店里便是阜康。轿子一到，正好店里开饭，胡雪岩特为去看一看饭桌，这种情形平时亦曾有过，但在这种时候，他竟有这种闲情逸致，就不能不令人惊异了。

"天气冷了！"胡雪岩问谢云青说，"该用火锅了。"

"年常旧规，要冬至才用火锅。"谢云青说，"今年冬至迟。"

"以后规矩改一改。照外国人的办法，冬天到寒暑表多少度，吃火锅，夏天，则多少度吃西瓜。云青，你记牢。"

这是稳定"军心"的办法，表示阜康倒不下来，还会一年一年开下去。谢云青当然懂得这个奥妙，一迭连声地答应着，交代"饭司务"从第二天起多领一份预备火锅的菜钱。

"阜康的饭碗敲不破的！"有人这样在说。

在听谢云青细说经过时，胡雪岩一阵阵胃冷，越觉得侥幸，越感到惭愧。

事业不是他一人能创得起来的，所以出现这天这种局面，当然也不是他一个人的过失，但胡雪岩虽一想起宓本常，就恨不得一口唾沫当面吐在他脸上，但是，这种念头一起即消，他告诉自己，不必怨任何人，连自己都不必怨，最好忘记掉自己是阜康的东家，当自己是胡雪岩的"总管"，胡雪岩已经"不能问事"，委托他全权来处理这一场灾难。

他只有尽力将得失之心丢开，心思才能比较集中，当时紧皱双眉，闭上眼睛，通前彻后细想了以后说："面子就是招牌，面子保得住，招牌就可以不倒，这是一句总诀。云青，你记牢！"

"是，我懂。"

"你跟螺蛳太太商量定规，今天早晨不开门，这一点对不对，我们不必再谈。不过，你要晓得，拆烂污的事情做不得。"

"我不是想拆烂污——"

"我晓得。"胡雪岩摇摇手阻止他说，"你不必分辩，因为我不是说你。不过，你同螺蛳太太有个想法大错特错，你刚才同我说，万一撑不住，手里还有几十万款子，做将来翻身的本钱，不对，抱了这种想法，就输定了，永远翻不得身。云青，你要晓得，我好像推牌九，一直推得是‘长庄’，注码不管多少都要，你输得起，我赢得进，现在手风不顺，忽然说是改推‘铲庄’，尽多少铜钱赌，自己留起多少，当下次的赌本，云青，没有下次了，赌场里从此进不去了!”

谢云青吸了口冷气，然后紧闭着嘴，无从赞一词。

“我是一双空手起来的，到头来仍旧一双空手，不输啥！不但不输，吃过、用过、阔过，都是赚头。只要我不死，你看我照样一双空手再翻起来。”

“大先生这样气概，从古到今也没有几个人有。不过，”谢云青迟疑了一下，终于说了出来，“做生意到底不是推牌九。”

“做生意虽不是推牌九，道理是一样的，‘赌奸赌诈不赌赖’，不卸排门做生意，不讲信用就是赖!”

“大先生这么说，明天照常。”

“当然照常!”胡雪岩说，“你今天要做一件事，拿存户的账，好好看一看，有几个户头要连夜去打招呼。”

“好。我马上动手。”

“对。不过招呼有个打法，第一，一向初五结息，现在提早先把利息结出来，送银票上门。第二，你要告诉人家年关到了，如果要提款，要多少，请人家交代下来好预备。”

“嗯、嗯、嗯。”谢云青心领神会地答应着。

能将大户稳定下来，零星散户，力能应付，无足为忧。胡雪岩交代清楚了，方始转回元宝街，虽已入夜，一条街上依旧停满轿马，门灯高悬，家人排班，雁行而立，仿佛一切如常，但平时那种喧哗热闹的气氛，却突然消失了。

赏读

胡雪岩（1823—1885），本名胡光墉，字雪岩，祖籍安徽徽州绩溪，幼年移居杭州。中国近代著名红顶商人，徽商代表人物。胡雪岩幼年丧父，13岁便独自在杭州闯荡，于“信和钱庄”当小伙计，因为勤勉踏实、聪明灵活被掌柜器重。后来自己做“阜康”钱庄，开始在商海中跋涉，尤其结交了一些官场上的政治人物和洋场人物，近水楼台，如虎添翼，无往而不利，生意最盛时涉及钱庄、丝茧、中药、典当等多种行业，在全国商界一时无两。

清末大变迁时代，海禁大开，胡雪岩身居得风气之先的东南沪杭一带，得天时地利，加上敏锐的目光、过人的胆识、灵活的交际能力等才能，因而在生意场所向披靡，最终建立了庞大的商业王国，成为清末名动一时的财富巨子。而作为商人的胡雪岩，还有一样制胜的法宝，就是始终坚守“诚信”这一商道。他经常说的一句话是“前半夜想想自己，后半夜想想别人”，“别人”应该包括顾客、生意对手、合作者等，就是做生意，不能光想着自己盈利，而让“别人”吃亏，任何时候必须想着“别人”，自己和别人必须都满意才能做事，否则宁肯生意不做，因此换来了很多生死交情，也得到许多生意机缘。

胡雪岩的商业王国中，名声卓著并传承后世的是“胡庆余堂”，“北有同仁堂，南有庆余堂”。1874 年，胡雪岩在杭州创立了“胡庆余堂”中药店，采买中药，制作丹药，供军需民用，“避瘟丹”“行军散”“八宝丹”等著名药丹蜚声全国，赢得“江南药王”之美誉。胡雪岩经营药店的宗旨是“戒欺”。胡庆余堂有著名的“戒欺”匾，这个牌匾不是对着顾客悬挂，而是对着坐堂经理和药店员工，朝里悬挂，目的当然就是警示药店员工的。“戒欺”匾上的文字是胡雪岩于光绪四年（1878 年）四月亲自拟定的店训：“凡是贸易均着不得欺字，药业关系性命，尤为万不可欺。余存心济世，誓不以劣品巧取厚利，惟愿诸君心余之心，采办务真，修制务精，不致欺余以欺世人。”

“采办务真，修制务精”，“真”指入药的药材一定要真，优选药材质地，力求“地道”；“精”指制药精细，精益求精。中药成分复杂，成品质量良莠不齐，难分优劣，如果药店以次充好，是非常容易得手的。但是胡庆余堂坚守诚信，自我监督，制造良心药，赢得业界崇高信誉。这正符合所谓“修合虽无人见，存心自有天知”的药业古训。《胡庆余堂雪记简明丸散全集》记录了很多祖传名方和制药技术，其序言中，也有戒语：“大凡药之真伪难辨，至丸散膏丹更不易辨！要之，药之真，视心之真伪而已，莫诩人不见，须知天理昭彰，近报己身，远报儿孙，可不敬乎！可不慎乎！”可见其诚信品质。胡庆余堂的百年历史中，流传着许多“修制务精”的故事，如“局方紫雪丹”是一味镇惊通窍的急救药，按古方制作要求，最后一道工序不宜用铜铁锅熬药，胡雪岩请人专门铸成一套金铲银锅，制作紫雪丹。现金铲银锅被列为国家一级文物，并被誉为中华药业第一国宝。

胡庆余堂店堂里还悬挂有两个著名的匾，一个是“真不二价”，另一个是“是乃仁术”。“真不二价”，意为货真价实，童叟无欺，贫富无欺。“是乃仁术”四个大字，语出《孟子·梁惠王上》：“医者，是乃仁术也。”这四个字反映了胡庆余堂诚实守信和济人济世的仁心仁术。胡庆余堂把“顾客乃养命之源”写入店规，教育员工奉顾客为衣食父母，时刻为病人着想，实现济世救人的目的。

胡雪岩故世后，胡庆余堂虽曾数易其主，但胡庆余堂国药号始终秉承“戒欺”“真不二价”“是乃仁术”等祖训。今天胡庆余堂已成为保护、继承、发展、传播祖国五千年中药文化的重要场所。胡庆余堂的“戒欺”祖训，是珍贵的商业文化遗产，对于今天建设“诚信”社会有重要借鉴和启示。

胡雪岩商道的“戒欺”“顾客乃养命之源”等经营理念并未局限于中医药范畴，而是胡雪岩整个商业王国的不二信条。《红顶商人胡雪岩》选文（一）选自第一、二部，讲述了阜康钱庄的一个存款故事（见选文《罗尚德存款》）。胡雪岩的钱庄开业不久，接待了一个特殊的客户，乃是驻杭州绿营兵的千总罗尚德。罗尚德年轻时好赌，输掉父母和岳父母的家产，被岳父家嫌弃，受刺激而投军。经历艰苦卓绝，最终熬到六品武官，又省吃俭用，积蓄万两白银，准备将来回乡偿还债务。因将赴前线与太平军打仗，罗尚德只好将银子存入阜康钱庄，并表明不要利息不要字据，以此举来赢得钱庄的重视。胡雪岩决定，按照三年定期算利息，并立字据交由自己手下代管。罗尚德后来战死沙场，临终委托两位老乡来阜康提领存款。两位同乡没有任何提款凭据，以为会遇到阜康赖账或刁难。不曾想阜康钱庄确认他们身份后，立即连本带利办了提款。阜康钱庄的仗义诚信，赢得了大批官兵的信任，做成了多桩存款生意。西方管理学家帕金森说过：“关系到一个人未来前途的许诺是件极为严肃的事，它将在长时间里被一字一句地记住。”所以，守信对于成就事业是至为重要的。作为商家，“诚信”更是成功的秘诀，守住自己的信誉，比自己的生命还重要。

清光绪九年（1883 年），由于多方面原因，阜康钱庄受各地官僚竞相提款挤兑，资金周转失灵；又受外商排挤，积压的丝茧被迫贱卖。胡雪岩的各地钱庄、典当纷纷倒闭。最终，胡雪岩被革职查抄家产，郁郁而终。

胡雪岩积压蚕茧的原因，是他与缫丝加工户有协议，由他到蚕农手中收购蚕茧，交由缫丝加工户生产丝，缫丝加工户则必须将生丝交由他来经营。面对新式缫丝厂的机器冲击，为了信守诺言，他宁可自己陷入困境，也不背信弃义，让缫丝加工户蒙受损失。胡雪岩说："做人总要讲宗旨，要讲信用，说一句算一句，我答应过的，不准新式缫丝厂来抢乡下养茧做丝人家的饭碗，我不能卖茧子给他们。"第二年，新茧上市，胡雪岩因资金不足，无法再次收购囤货，导致洋商尽买新茧，新式缫丝厂打败了手工缫丝户。胡雪岩想凭借一己之力，打破洋行操纵丝价的企图彻底破灭。原先囤积的陈丝只能贱价处理，导致胡雪岩资产损失过半，商业大厦倾覆。胡雪岩试图以传统手工来对抗机器大工业的潮流，有些抱残守缺，但是他想着众多的缫丝加工户的生存，宁愿自己破产，也不背信弃义。

胡雪岩商业大厦倾覆之际，阜康钱庄发生挤兑风波，钱庄员工张皇失措，穷于应付。胡雪岩当晚回到杭州的钱庄，批评了他们关门停业的举措，指出"拆烂污的事情做不得""不讲信用就是赖"，吩咐手下妥善安排存户，初五照常结息送银票上门，年关照常预备存户提款，甚至有些户头要连夜做好这些工作（见选文《不讲信用就是赖!》）。胡雪岩在灾难面前已经自顾无暇，却仍然奉行"用户至上"，决不打自己将来翻身的小算盘。诚信、磊落的襟怀和气度，令人赞叹。

胡雪岩家产被查抄以前，朋友和家人劝他，趁自己还能做主，为将来生计早做筹划，劝他疏散财物寄留别处，家人也有意把家里的一些珠宝首饰存放于朋友那里，做将来生计，但他反对这么做，劝家人不要做这种事，认为"此举有欠光明磊落，于心不安"。胡雪岩极穷之际，还是守着一条底线，真诚，守信。

作品

白银谷（节选）①

成　一

京号老帮们

1

西帮票号既以金融汇兑为主业，各码头庄口之间的信函传递，就成了其商务的最重要依托。客户在甲地将需要汇兑的银钱，交付票号，票号写具一纸收银票据。然后将票据对折撕为两半，一半交客户，一半封入信函，寄往乙地分号。客户到乙地后，持那一半票据，交该号对验，两半票据对接无疑，合而为一，即能将所写银钱，悉数取走。这种走票不走银的生意，全靠了码头间信函往来。

票号的开山字号平遥日升昌，在创业之初，因仅限于西帮商号间写票，业务不频，走票只是托熟人捎带。后生意做大，就雇佣了走信的“专足”。再到后来，宁波帮的私信局兴起，就将走票的业务全托付其承揽了。

票号的分庄遍天下，用现在的话说，就是建有一个覆盖全国、延及海外的金融网络。控制这个网络，那时代也是靠信函。西帮票号又实行总号独裁制，资本在总号，各地分庄利润

---

① 选自《白银谷》（作家出版社 2001 年版）。成一，生于 1943 年，河南济源人，国家一级作家。代表作有《远天远地》《千山》《游戏》等。

也全归总号。所以，除了走票，号内的商务信函不仅频繁，更有周密成规，立法甚严。

这种内部信报，一般都设四种：正报，复报，附报，叙事。正报、复报，是报告本号做的每笔生意及生意变化、结果。附报，是报告他号所做的生意。叙事，则是报告当地商情、时务、政局、人事，以及本埠风俗趣闻，托办的杂事。各票号书写信报，又有自家独用的暗语。所以在票号内与账房并列，特别设有信房，每日都有信报发出。

到光绪年间，西洋电报逐渐在大码头间开通。西帮票号自然成了国中最先使用它的商帮。只是，电报费用昂贵，文字又有限，说不了多少意思，保密也差。所以，除非紧急商务，一般还是靠信报。

老东家和大掌柜到达汉口后，差不多是将天成元的总号移去了，各码头庄口与汉号之间的信报往来，自然格外多起来。其中，又以叙事信报居多，京号尤甚。因为康笏南和孙北溟两位巨头，会同汉号老帮陈亦卿，正就复兴“北存南放”势头，谋划新举动。

西帮票号做银钱生意，本就奉行“酌盈济虚，抽疲转快”八字要诀。各分号间不分畛域，相互接济，快捷调度，总是把存银调往最能赢利的码头。清代经历康熙、雍正、乾隆三朝，江南经济之发达，已远胜北方，成为国内商业重心所在。但北方京师，又是国库的聚散之地。这就形成北方聚银多，江南用银多的金融格局。西帮票号正是看准这种格局，常做“北存南放”的文章。就是在以京师为中心的北方，吸收存款，再调往江南放贷。西帮票商巧理天下之财，这是一大手笔。

只是，在光绪二十五年这个时候，西帮票号面临了两大危难，使“北存南放”大布局变得举步维艰，风险莫测。

一是在年初，朝廷发了一道上谕：不许各省藩库将上缴中央的各项官款，即俗称的京饷者，交给票号汇兑。原因是京师银根短缺，不敷周转，市面萧条，商民俱困。朝廷也不知听信了哪些糊涂大臣的谏言，居然把造成这种困局的症结，归罪于西帮票号。说是各省都不解送现银到京，一味托付票商汇兑，所以京师重地的现银越来越少。其实，票号为各省汇兑京饷，交给户部的，也还大多是白花花的银子，并不全是一纸汇票。票号一时周转不开，或户部银库愿收银票、汇票，也是有的，但也不至造成京师现银短缺。京师银根紧，那实在是另有原因的。

去岁戊戌年，朝局不靖，先是变法，后又废了新法，时势天翻地覆，血雨腥风。京城那班高官权贵，早暗中将银钱弄出京城匿藏了。京内各业商家，又收缩观望，市面哪能不萧条！

但禁汇是朝廷上谕，西帮也不能等闲视之。承揽京饷官款的汇兑，早已是票号的大宗生意，断了此财路，不是小事。历来做“北存南放”，也主要是靠汇兑京饷来支持。票号在江南承揽了解京的官款，在京城又吸纳了种种存款，两相抵杀，走票不走银。即用京城存款抵作京饷，交户部入库，同时将江南官款转为商资，就近放贷。不许承揽京饷，“北存南放”还怎么做？

再一危难，就是北方直隶、山东、河南，甚至京津，拳民蜂起，教案不断，时局不稳。票号生意，全在南北走票，纵横调银，中原一旦乱起，生意必受阻隔。时局不定，商界也必然观望收缩，金融生意也要清淡了。谁家能无几分近忧远虑？

面对此两大危难，康笏南毒辣的眼光，还是看出了其中大有商机在。

从京号的信报中，康笏南断定，京师市面萧条，决非银根短缺所致，反而是银根疲软的一种明兆。时局不明，商家收缩生意，市面自然要萧条。各省应缴朝廷的京饷，更以时局不靖为借口，设法拖延不办，户部收库的银子哪里会多？加上高官权贵又暗里争相往京外匿藏银钱，自然要形成一种银根紧俏的表象。京号早有信报：一般商家，还有那些高官权贵，都找上门来，降格以求，要我们为其存储现银，或外调积蓄。所以京师银市，实在是明紧暗疲。

此种时候，反倒是西帮可以在京城从容吸纳疲银的良机。这样做，不仅有厚利可图，亦有大义可取。在这种危难之际，人家来托靠你西帮，还不是因为信得过你吗？此时拒人自保，最毁西帮信誉，以后人家谁会再来靠你？万不可作一般见识，也取收缩之势，拒绝收银承汇。

至于中原诸省的拳乱教案，康笏南也觉成不了大气候。来汉口途中，已亲身遭遇了那班拳民，只是镖局的两位武师，就将他们摆平了。中原诸省为拳乱所惑，商界多取守势，我们也同样可乘机收存疲银，调往他处图利。

如此收存的巨量疲银，调往何处放出？

康笏南与孙北溟、陈亦卿议来议去，也惟有调来江南一途。口外虽也能作腾挪周转，毕竟做不了大文章。此次两巨头来到汉口后，已看清江南局面比料想的要好。市面繁荣，洋务方兴，商机不减，银钱流动也旺，尤其依托票号而立的大小钱庄，生意甚好。湖广、两广、两江的督抚，又都是可以指望的疆臣重镇。康笏南见过张之洞后，更对江南局面放了心。制台大人虽不与他言及官事时务，但康笏南老辣的眼光，什么看不出来！

如此巨款调来江南，又用什么来与之相抵杀？总不能在如此不靖的时候，将巨银交给镖局押运吧？

康笏南说：“也只有在江南尽力兜揽汇京的官款！”

孙北溟说：“有朝廷上谕，谁家还敢交我们解汇？”

康笏南说：“我见张之洞时，制台大人还提及西帮汇兑官款库银，很值得称赞，说那实在是便捷的办法。比之各省委员押运，不知要省去多少费用。押运京饷的差事，一向就不大好办。路途辛苦、风险丛生不说，就是千里迢迢押到京师了，交部入库也不那么容易。户部衙门那班阎王小鬼，一处打点不到，都过不了关。哪里像你们西帮票商，早将他们上下喂熟了！张大人把话说成这样了，也没有提及朝廷禁汇的事。”

陈亦卿也说：“现在中原拳民生乱，各省恐怕更会引为借口，拖延了不起运京饷。我们倒是可以乘机往各省藩库运动，撺掇藩台抚台，上奏朝廷，说明押运现银的种种艰难。要解京城之困厄，还是汇兑最能及早见效。”

孙北溟说：“那陈掌柜，你能运动下张制台吗？”

康笏南说：“湖北比邻中原，距京不算遥远，张大人就是想成全我们，他也没有多少借口可找，还是先不要难为他。”

陈亦卿说：“你康老东台出面，张大人都不愿言及官事，我更没有多大面子。这种事，得曲折斡旋，不宜直言的。我寻别人从中试探吧。依我看，制台大人深谙洋务，通晓西洋银行之运作，或许也会上一道奏片，陈说异地运现的弊端吧。”

康笏南说：“我说句狂言吧，扫除京师萧条，非我西帮不能为！现今京师商界俱作观望状，既在观望朝局，亦在观望我西帮。除我西帮外，京师再没有可以左右银市的商帮了。我们一旦在京从容吸收疲银，商界也会随之振作的。在各省码头，我们再巧为张罗，多揽汇京的官商款项，促成京饷入库。户部库银多了，朝廷还禁我们做甚！”

孙北溟说：“老东台雄才大略，为西帮计，也是为朝廷计。可我还是担忧，江南行省中，究竟会有几家肯被我们说动？”

康笏南一笑，说：“这就要看大掌柜你麾下的那些老帮了。我倒还有一小计谋，不知你们肯不肯笑纳？”

陈亦卿忙说：“老东台有什么妙计，快说吧！”

康笏南便说：“我们何不先借出余银，为某些省衙垫交京饷呢？”

陈亦卿说：“借钱给他们交京饷？近年各省藩库，哪有几家不支绌的？每年只是分摊的甲午赔款，就够他们叫苦不迭了。借了我们的钱，他们怎么还？”

其实，陈亦卿早想到了这样一着。春天时候，他已经联络福建、江西的庄口，叫他们先借银，再揽汇，鼓动藩台抚台上奏朝廷，开恩解禁。现在，老东台也说出了这一着，他当然得装糊涂，故意说出这些话。

孙北溟想了想，却说：“我看老东家这一着，倒毒辣！我们借银给他交京饷，他也不便管我们是汇兑，还是押现。就是朝廷知道了，也不能太怪罪我们吧，商银官用，也算是忠义之举。”

陈亦卿说：“当然，在我们说，这也等于将京号吸纳的疲银，转手之间就放贷给官府了。只是，借贷给行省藩库，就怕它拖延不还！”

孙北溟说：“他们该了咱们的钱，或许会上奏朝廷，废止禁汇的。”

陈亦卿这才赞叹说：“原来有此老谋深算。”

康笏南就说：“此不过小伎俩耳！要振作‘北存南放’的势头，恐怕还得联络我西帮各大票号，协同来做。咱天成元一家，救不了京城困局的。”

孙北溟说：“按说，这也是咱西帮露脸的时机，该联手图利取义。只是，别家倒也好说，惟平遥日升昌、蔚字号两位老大，岂肯听我们的？此举动若是他们谋出，我们大家跟随了，还可成事。今由我们谋出，两位老大只怕连听也不想听，哪里还敢指望他们联手？”

陈亦卿说：“他们那些老总，真会反对此种谋划？”

康笏南笑了，说：“那就不要说出由我们谋划。我已想到这一层。这件事，我们都无需出面，只托付一人去办。”

孙北溟问：“谁？”

陈亦卿说：“京号戴老帮吗？”

康笏南说：“对，就是戴掌柜。此举京师是重头。西帮各号驻京老帮，都是商界高手，平日联手就多。由戴掌柜从中巧为张罗，为大局计，就是推举日升昌的京号出面挑头，也无不可的。”

孙北溟说：“这样，还可作为。”

陈亦卿又特意说："好主意都叫老东台抢去了。"

康笏南说："那就麻烦陈掌柜，亲笔给京号戴掌柜写一信报，将此重任托付与他。我和孙大掌柜，也该寻处凉快地方，避几天暑了。"

在这次谋划中，康笏南、孙北溟两巨头审时度势，巧作运筹，藏而不露，按常态应是握有胜算的。只是，他们太轻看了中原拳乱，为此次振作"北存南放"留下了隐患。这是后话了，先不说。

2

天成元京号老帮戴膺，受此重任，实在也并不感意外。

西帮票号自开创已有百多年了，运转到光绪年间，正走向它的峰巅。其时各大字号的驻京分号，地位变得举足轻重。可以说，谁家没有一个强手领庄的京号，它就难成气候。在光绪二十五年这个时候，西帮票号在京师开有四十八家分号，代表的都是当时西帮中的翘楚。这四十八家京号的领庄老帮，可以说个个都是金融业中的一时之选。他们中间的许多人物，无论器局、眼光、手段，乃至学养、文才，都远胜总号的大掌柜。因为在京号老帮这个位置，庸常之辈那是难以立足的。西帮票商历百年发达，既在做理天下之财、取天下之利的大事业，领航人物不厕身雄视天下的京都，那是不可想象的。所以到后来，票商京号的地位，实在也不逊于总号的。只是因为西帮票号体制独特，内部立法严密，不致发生重臣压主的麻烦罢了。

常有的麻烦，只是京号老帮的许多卓见良策，不为总号所看重。领东的那些老总们，长年局促于晋省祁太平老号，与外间世界日渐隔膜了。外埠老帮的卓见良策，非不用也，是不识也。先就不识，谈何采用?

所以，天成元京号老帮戴膺，总是不断劝说孙北溟多出来看看。外间世界日新月异，出来一半游奇览胜，一半巡视生意，何乐而不为？再说，腿长本就是西帮之长。可孙大掌柜，只是不出动。这些年，倒将巡视外埠庄口的重任，一分为二，交给两位老帮了。一位是汉号的陈亦卿，叫他巡察江南各号。一位就是京号的戴膺，由他巡察北方各号。他们代为出巡，并不怕辛苦，只是老号与外埠的隔膜依旧。

康老东台倒是一向喜欢出来走动，可惜已经年迈，出动不容易了。戴膺前次下班回太谷，曾婉转示意老东家，希望他能说动孙大掌柜，出来走走。没想到，老太爷居然亲自拉了孙北溟，冒暑南下。听到两位巨头出巡的消息，戴膺真是感奋异常。起因虽出于邱泰基，可戴膺心里明白，老太爷到底是听懂了自己的劝谏，才有此非常之举。

以老迈之身，冒暑出巡，太难为了老太爷，可天成元毕竟是你康家的生意。在此非常之时，没有这样的非常之举，是实在不足以应变的。

去年朝中闹变法，政局不稳，西帮各号都取收缩之势，生意减少三到五成。今年开市伊始，朝廷又下了一道禁汇的上谕，不谋对策，生意还怎么做？可晋省老号那些当家巨头，依旧浑然不觉，以为朝廷以往也禁过几回，都没有禁得了，只令静观等待。

孙大掌柜呢，借口今年正逢天成元合四年大账，本该收缩，也令取守势。岂不知方今天下，早大不同于往昔。不但江南钱庄渐成大势，单是一个西洋银行，也已在咄咄逼人，抢夺西帮利源！西帮这样一味在北方观望收缩，不能将银资源源调往江南，别人就会乘虚而入，攻城略地。江南一旦失去，西帮大势将不复存在！

光绪二十一年，甲午战败，中日媾和，大清赔偿日本军费二亿两巨银。朝廷它一时哪能还得起如此巨款！英、法、俄、德列强便乘虚而入，将这笔巨款转为四国借款，每年还本付息一千二百万两，户部摊二百万两，各行省及边海关分摊一千万两。这一千二百万巨银，每年都汇往上海江海关，国中银钱流向，更是南下的多，北上的少。西帮票业生意，全赖南北金融调度，南北失衡，本已使汇兑维艰，现在又禁汇北上京饷，江南之失，岂不近在眼前！

这种危言，戴膺是给老太爷说过的。他终有此非常之举，那实在也是康家之幸，西帮之幸。

所以，听说老太爷拉了孙大掌柜已经出动，戴膺便与汉号的陈亦卿老帮，频通信报。其实，他们求之于两位巨头的，只是一句话：“无须收缩观望！”为了求得这句话，他和陈老帮还颇费了一番心思。不露痕迹地鼓动老太爷拜见张之洞，会见英汇丰银行的福尔斯，都是他们预谋的安排。

现在终于有了好结果。陈老帮在他亲笔书写的信报末尾说：“一切如你我所愿。我遵兄旨，在两巨擘前引而不发，装糊涂，只怕老太爷也不糊涂。现全看兄之动作了。”

戴膺读到此，会心一笑。

接信报后第二日，戴膺就去拜见了蔚丰厚京号老帮李宏龄。

天成元京号在前门外打磨厂，蔚丰厚京号在崇文门外草厂九条胡同，离着也不远。西帮票商中老大日升昌，它的京号也在崇文门外草厂，与蔚丰厚隔着一条胡同。它们两家同属西帮中的平遥帮，又都是票号的开山老号，因为创业时两位大掌柜失和，弄得两大号一向争斗不止。不过此时两位京号老帮，倒都是很贤能的人物。日升昌的京号老帮梁怀文，与蔚丰厚的李宏龄来往密切，常常联手做一些事。戴膺与他们二位都有交情，只是与李宏龄更气息相投些。他觉得李宏龄在京师票界，深孚众望。

李宏龄见戴膺此来气象不同，就问："你们两位当家的，是不是已叫你说动了？"

戴膺一笑，说："我哪里能说得动他们！我只是劝他们不要久留汉口，反正是热，不妨顺江东下，早去上海。我们天成元的沪号不强，叫你们几家大号压得快倒塌了。"

"你这又是说谁呢？"

"大号能有谁，除了日升昌和你们蔚字号，还能有谁？"

"别人不说，我们蔚丰厚可没有惹你家。再说，沪上商机太多，谁也独霸不了的。我看你们沪号的孟老帮，也不是庸常之辈。看着拙笨，实在是将过人的机巧深藏了，叫你难以识破。他不会欺负你，但你也别想欺负他，能给人这种感觉，不好把持。"

"那你们是想欺负他？"

"我们能识破，还惹他做甚？只是沪上那些爱将机巧写到脸面上的主儿，常上你们孟老帮的当。"

"看叫你说的。我倒真想请求我们老号，将我调往沪号得了。沪上如今已成国中商务总汇，商机遍地，正可作为，不像在京师，掣肘这样多。所以才撺掇两位当家的，赴沪走走。不知子寿兄有没有这种意思？你我如能结伴转沪，当能联手做番事业。"

"我在沪上倒也领过几年庄。沪上商机是多，只是那里气候水土，我终不能适应。"

"那是因为你居京太久了。西帮商家，哪里不能立身！去年，你老兄不是将公子也送往浙江读书去了？到了沪上，离公子也近些，可尽享天伦。"

"去年，带犬子出来，本来是想在京为其择师课读。恰巧遇了翰林院的赵寅臣大人，正要散馆回浙。赵大人当年来京科考时，曾得我们蔚丰厚资助，荣点翰林后，也未相忘。所以，有些旧谊在。说起犬子拜师课读的事，他就主张送往文运兴隆的江浙。还说，他们赵家的学馆，正聘有一位极饱学的塾师，授业相当有一套。现在也只收了他的两个孙儿做学童，如不嫌弃，何不将公子送去，一道课读？人家贵为翰林，我能嫌弃这番美意？就将孩子送往浙江处州赵大人府上了。”

京号老帮课子，都要这样择师，足见他们的地位和眼光，不同一般。

“子寿兄，不是指望你家公子来日也点翰林吧？”

“翰林不敢想，他只如你我，能做个京号沪号老帮，就足够了。”

“到他们这一辈人做老帮时候，还不知西帮票业成什么样呢。要叫我说，他们果然有出息，还入票号做甚！”

“不入票号，真去求仕做官？”

“求仕做官哪能叫出息？有出息，就宁进银行，不入票号。”

“没有自家银行，叫他们去给洋人为奴？前年，盛宣怀在上海开办的通商银行，虽为第一间吾国银行，可那也是朝廷的银行。势强技不强，并不起山。”

“所以，我劝老兄同去沪上。你我出面办一间银行，如何？”

“静之兄不是说梦话吧？你我哪来许多股本开银行？”

“我们回晋广为游说，不愁招不来股本。贵号的开山老总毛大掌柜，当年若不是从日升昌中退出，另觅新主，哪来你们蔚丰厚？”

“静之兄，我听出你的意思了。莫非你们天成元的两位当家巨头，已经有意仿办银行了？”

“没有的事。”

“你们康老太爷和孙大掌柜，算是开通人物。两位到了汉口，何不请他们见识见识西洋银行？”

“我们汉号陈老帮，倒是安排老太爷会了会汇丰银行的一位帮办。这位英人帮办太狡猾！他在老太爷面前，只是一味盛赞西帮票号如何了不得，仿佛比他们西洋银行还要高明。听得老太爷那个得意！”

“竟有这样的事？”

“可不是呢。你想老太爷受了这番盛赞，他还会改制票号，仿办银行呀？”

“这也像英人做派，软刀子杀人，不叫你觉出疼。只是，你们老东家、大掌柜，毕竟还出来走走，会会洋人，别家谁肯出来！”

“我们老太爷还去会了会张之洞，也受了些夸奖。陈老帮就趁着老汉高兴，说了我们的意思。”

“仿办银行？”

“你只是想着办银行！陈老帮给老太爷说的，是我们眼前紧急要走的一步棋：不能再一味收缩观望，当巧为张罗，广收疲银，违旨揽汇。”

“你们当家的松口了？”

“老太爷正高兴，点头了。还放了一句要紧的话：为便于兜揽官款，可在江南相宜的行省，给藩库垫交京饷，逆汇到京。”

西帮票号承揽异地汇兑生意，有顺汇、逆汇之分。顺汇，就是客户先交汇款，才写票，走票，然后在异地取款。逆汇，则是在未交汇款的情形下，即可先写票，走票，在异地取款，然后于约定的期限内，将汇款交清。此为西帮揽汇的一种灵巧手段。逆汇的汇水，即汇费，自然要比顺汇高出许多。

李宏龄听罢就笑了，说：“静之兄，今日你一来，我就看出你带来了好消息。你倒还要装着无事，说许多废话！”

“我可不是说废话，是真想改就沪号的。”

“什么改就沪号！你还不是嫌我说不动我家大掌柜吗？有你们康老太爷和孙大掌柜这番举动，我也有棋可走了。”

“谋出什么新着儿，说出来听听！”

“你们天成元一动，我即将此急报平遥老号，说你家两位巨头已从张之洞处探得密讯，要趁大家收缩，抢先大做。你想，我们毛大掌柜岂肯叫你们独家抢先？”

“子寿兄，你这不是要害我？我家老太爷一再吩咐，我们天成元不可太出风头。更不想独自大做，招惹全帮。要出头，还是得请你们平帮，请日升昌和贵蔚字五连号。给你们老号去一道这样的密报，还不是想毁我们？”

“你们东家大掌柜，此次冒暑出巡江南，已经惊动了西帮。要说出风头，早已经出够了。康老太爷何等人物，他还怕同仁说几句闲话？再说，我不这样做，我们毛大掌柜岂能给说动？”

“要说动毛大掌柜，本有更好的棋可走。”

“还有什么棋可走？”

“你给老号写密报时，不要提我们天成元，就说是日升昌要独家大做。毛大掌柜听了，还能坐得住吗?”

“这哪像静之兄你出的主意！我可不敢谎报这样的军情。再说，就是这样谎报了军情，我们大掌柜多半会铆了劲，依旧按兵不动。你做，我偏不做。我们两家的脾气，你老兄也不是不知道。在此种时候，我们两家再铆了劲赌气，于西帮何益?”

“子寿兄，我不过是说句笑话罢了。想让我们天成元出头，那就出一回头。只是，由我们出这个风头，日升昌知道了，会怎么想？人家是老大，它要出面拦着，不叫大家跟了做，那可真要毁我们了。你们都遵旨不动，偏我们一家违旨揽汇，朝廷会饶了我们?”

“你们一动，它日升昌也会坐不住。说不定会与我们蔚字号联手，压你们太谷帮一头的。”

“那就全靠你与梁怀文老帮巧为张罗了。梁老帮那里，我就不出面说了。你们是西帮领袖，你们一动，局面才会开。”

“这种败兴局面，按说也不该由我们这一班京号老帮来操心。只是，如今西帮那些老号巨头们，一个个都深居简出，又刚愎自用，仍以为西帮天下无敌。我们忠心进言，他们不听也罢，甚而还以为我等别有所图，真是令人心寒。我向我们大掌柜进言仿办银行，听说他多有责言，说我李某想如何如何！我们还不是为字号计，为西帮计?”

“所以我说，如此处处掣肘，哪如我们自家去办银行!”

“你这忧愤之言，也不过说说罢了。你我就是真走了那一步，户部那一班迂腐官员，也不好应付的。朝廷今年下的这道禁汇上谕，还不是他们撺掇的。自洪杨之乱以来，我西帮承汇官款已经多少年了，并没有出过什么差错，倒是常常为朝廷与省衙救急。一样是如数交你银子，就非得千里迢迢委员运现，总不放心我们便捷的汇兑！又没有克扣你官府分毫银两，只挣那一点汇水，比之你委员押现的浩大费用，不知要节省多少！说来真是可笑，这样一个简明的道理，那班居于高位的重臣要吏，生是听不明白。这半年来，我往户部多次奔走，依然无人肯上奏朝廷，请求解除禁令。”

“他们哪里是听不明白？盛宣怀的通商银行，不是照常承汇京饷吗？以前，翁同龢任户部尚书多年，也不曾禁过汇。去年翁大人被罢免，王文韶继任这才几天，就禁我们的汇。是不是想暗助盛宣怀一把，禁了西帮，由通商银行大揽?”

“翁同龢做户部尚书时，我尚可设法进言的。与现在这位王文韶，实在没有多少交情。我们是对王大人孝敬不够吧?”

“怕也不是这样简单。子寿兄，我看眼下，倒可先联手做一件事。这件事，无需求告老号，我们京号老帮就可做起。”

“静之兄又有什么高着?”

“朝廷禁汇，不是以京师市面萧条为缘由吗?我们何不屈尊做点小生意，向京城的小商户放贷些银钱呢?我们西帮票庄，无论大号小号，都架子太大了。不用说百八十两的小生意了，就是千儿八百的小额存贷，也不屑去做，只贪做大宗。今京师市面不振，我们做些小额放贷生意，或许还能救市。市面转兴，朝廷只怕也不会再固执禁汇了。”

“我们不做小额生意，也是为稳妥起见。小商户最难预见。再说，这种小生意也得留给钱庄、炉房、典当铺去做。”

“钱庄、当铺一向依托票号，我们收缩，它们也得收缩。票商架子大，尤以贵平帮为最，平帮中又以日升昌和贵蔚字号为最。你们带头做些小生意，别家也好放下架子了。传到户部，或许会对西帮多些好感。”

“说不定，他们倒会以为我们穷途末路了!”

“这种时候，我们西帮藏一点势，有什么不好呢?再说，做这种小生意，也无需作什么调度。京师一地，子寿兄还不知吗，本是官大商小。除了途经京师通蒙出俄的商贸，本也没有几家大的商帮商家。我看从各号所收存的积银中，放出一些，就足以振市了。近来号中小票生意颇旺，正该寻个出路放出。”

“说到小票，我也正有忧虑。各号历年发行的小票，累计起来，数目甚巨。在当今这种晦暗不明的时局中，一旦生变，持小票者蜂起挤兑，也甚可怕的。”

“所以，现在救市振市，太紧要了。”

“那就召集诸位老帮，公议一次?”

“应当，应当。”

小票，是西帮票号开出的小额银票。起初，银票只是存款的凭据。你存入票庄多少银子，票庄就给你一张凭条，写明日后凭此票据可取走多少银子。票号一向多做大宗生意，所以开出的银票也多是大额。小额银票，只是票号开出的一种临时便条，随存随兑，凭票计银，票面也不写姓名。票面金额从十两起，至五十两、一百两，最多一千两止。

不想，这种小票到后来，很受京城官吏士绅的欢迎。为甚？携带这种小票出入权贵之门方便也。呈递方便，收藏也方便。知道西帮票号信誉好，权贵府中的内眷，尤其喜欢收藏这种小票做私房积蓄，三五年至十几年不来兑现。当然，更大量的小票还是在京师官场流动：再“黑”的银钱，兑换成此种不记名的银票，也就不着痕迹了。

于是，西帮票号这种手写的小票，在京城发行量颇大，几近于一种纸币。天成元发行的小票，已有三十多万两。日升昌、蔚丰厚那种大号就更多。西帮京号统共加起来，小票发行量在一二千万两这种规模，实在比朝廷户部平素所存的库银还多。

时局动荡之际，小票依然受宠爱，因为它比银钱更便于转移，匿藏。但其中所隐藏的风险，也是显而易见。

李宏龄在戴膺的鼓动下，终于愿意做救市的尝试。此一动议，先要拿到京师的“晋省汇业公所”，由各家京号共同商定。李宏龄正是“汇业公所”的总董之一。

赏读

《白银谷》是一部描写商人的小说，明清时代的山西籍商人是未被彰显过的商界传奇。尤其是他们独创的票号，更是清代的一个金融传奇。清代禁用纸币，作为货币的银锭铜钱，流通起来非常不便。中国那么大，交通又不便利，外出做生意，商资的携带和交割就成了大问题。清代镖局很兴盛，就是因为长途押送银钱的业务比较多。晋商正是在这一点上慧眼独具，开创了银钱异地汇兑的票号业。他们所开创的票号实际上就是后来银行的雏形。票者，凭证、契约也。你在甲地交银写票，再在乙地凭票取银，这在今天是再平常不过的事，但在那个时代，却几乎是货币流通中的一次革命。票号一出，大受商界欢迎，生意越做越火，越做越大。到后来，连官府上缴钱粮、调度军饷，即省库与国库之间的官款调拨，也交给山西票号来承办。票号也由金融汇兑扩展到收存放贷，与现在银行的一些业务并无差别。

《白银谷》将票号作为一个富于传奇色彩的金融制度、商业制度来书写，以天成元票号的经营与发展讲述了票号在中国的产生与发展。“庚子事变”前后，天成元票号内忧外患、险关重重，在依靠信用经营的金融行业中，时代的风云变幻、大清的政局不稳使票号的经营难以为继。山西商人以其精明智慧、权谋善断、不畏艰难、勇于开拓的精神特质，使天成元票号历经战火而重生，并重振西帮雄风以应对变局危局，在种种大事件中大展风采。通过一系列的危机应对，《白银谷》向读者展示了西帮票号的兴盛与衰落。

诚信经营、信誉至上是票号经营的根本。票号这样火的金融生意，自诞生到消亡，一直为山西商人所垄断，当时被俗称为西帮。西帮票商又集中在晋中的祁县、太谷、平遥三县，细分为祁、太、平三小帮。票号只西帮能开，别家开不了，首先是因为西帮拥有无可取代的财力和信誉。《白银谷》中，无论是遭遇因五娘遇害、老帮自杀、津号遭挤兑的金融风潮，还是赶上八国联军入侵、京城失守、票号金银遭劫、账簿丢失的战祸劫难，天成元票号都以非凡的气度高擎起“诚信”的大旗。为不失信于民又平息挤兑风潮，戴老帮临危不乱，巧妙运筹，将一场挤兑狂潮平抚得风平浪静。至于面对“庚子事变”遭遇的人，为救京津复业之市，东家康笏南不惜打开祖传的秘密银窖，源源往京师投放现银，演出“惊天动地赔得起”的壮丽一幕。这一切，就为维护一个“信”字，其中不乏机谋，需要胆量，凝聚智慧，天成元票号正是赖此屡过难关，频建奇功，并将自家信誉推上巅峰。以天成元为代表的西帮票号凭借在动乱时代仍坚守诚信的行为树立了良好的声誉，并借此完成了代清廷行使央行之职的重大历史使命。中国古代商人同其他行业的所有人一样，都深受孔孟之道影响，崇尚信义。“君子爱财，取之有道”，这是商人人生价值观的最终体现，因此，诚信泽利是众多商人遵守的行为准则。商人通过各种途径获利生财，但也十分重“义”。在商业往来时，晋商之间互相指定可以与之金钱往来的同行为“相与”，类似合作伙伴的意思。晋商经营时互相之间形成了不成文的规则：同是“相与”，必须尽量互助，即使无利可图也要善始善终，不中途绝交。这是晋商的团结精神，互相信任，诚信泽利。庚子战乱后，京师票号复业面临挤兑风险，志诚信掌柜孔庆丰与天成元掌柜孙北溟共同促成祁、太、平三帮集议，相约西帮票号一家也不能倒，“真无力支持者，各家得共同接济”。曹培德初开票号，担心大号欺生，康笏南一席话道出了西帮规矩：“不倾轧，不拆台，危难时还要互相救急。”这里，没有了商界常有的同业中伤、互相拆台现象，而是相互扶危济困，以求共荣，体现了西帮商人令人叹服的义利观。

《白银谷》是一部追求宏大叙事的小说，以风云变幻的时代为背景，以独特的历史事件为故事资源，有以大家族的悲喜人物为代表的人物群像，而且还有影响历史进程的故事为高潮和起落的线索，通过西帮票号的兴衰将清末时期的时代画卷用长篇小说的形式表现出来，是一部反映晋商的经典之作。

作品

大盛魁（节选）①

邓九刚

薄云蔽日，天空中飘着一些细碎的散雪，被风吹得唰唰啦啦地扑在人们的脸上和身上。沿着自然形成的宽阔的库伦—恰克图大道，一支大约由二十多人组成的马队簇拥着一辆俄罗斯三驾四轮马车在向前疾驰。马车的车辕很长，一个上年纪的蓄着大胡子的俄国老头坐在高高的车夫座上驾驶着马车。老车夫嘴里不停地吆喝着，把长长的鞭梢在离他很远的马头上抽响。四只车轮飞转着辗压着大道上的积雪，发出吱吱嘎嘎隆隆的轰响。

大掌柜身穿貂皮大氅，头戴北极褐狐皮风帽，舒舒服服地仰靠在座位上。车篷的后面和左右两侧都是密封的，顶部呈半圆形，都由厚厚的绿色俄国毛毯围着，前面的视野很开阔。大掌柜身体随着颠簸的车身摇晃着，目光从半眯着的眼缝间撒向广阔的恰克图原野。这里是中俄边境地带，远处的山峦间有幽绿色的松树的绿影在闪现。一片杂乱的马蹄声陪伴着沉思的大掌柜。

在大掌柜身旁坐着一位中年俄国人，灰蓝色的眼睛白皮肤，头戴一顶黑猫皮的西伯利亚软帽。他叫彼夫佐夫，是俄国

① 选自《大盛魁·第一部》（湖南文艺出版社 2014 年版），有改动。邓九刚，1948 年出生，呼和浩特人。著有《走西口》《茶叶之路》《山村大爷》等。

专事对华贸易的六大公司之一——伊尔库茨克公司驻库伦分公司的经理。大掌柜乘坐的这辆俄式的三驾四轮马车就是彼夫佐夫提供的。出于对归化通司商会最高领导人的尊重，彼夫佐夫在得知大掌柜到达库伦消息的当天，就到大掌柜下榻的大盛魁库伦分庄拜访了大掌柜。伊尔库茨克公司是与大盛魁打交道有一百年历史的老相与，大掌柜王廷相和伊尔库茨克公司的总经理波波夫在个人之间也是极为熟识的老朋友。熟知这一切的彼夫佐夫提出以他们公司的四轮马车代替大掌柜从归化带来的双轮单辕中式马车，大掌柜欣然接受了。而陪大掌柜前往恰克图对彼夫佐夫来说就是礼貌必须的了。

古海骑着马跟在四轮马车的旁边，后边跟着负责保卫工作的薛拳师和他的两个徒弟，再后边是库伦办事大臣贵斌为示友情派出的三名官役，以及大盛魁库伦分庄和恰克图分庄上由二掌柜盛祯派来的专门迎送大掌柜的掌柜和伙计。总共十八个人，全都骑着马。

队伍爬上一座被薄雪覆盖着的高坡，鸟巢似的恰克图全景就呈现在了眼前。古海兴奋地靠近大掌柜的轿车大声问道：“前边就是恰克图吧？——大掌柜。”

“是哩，是哩，这就是了！”

大掌柜在座位上欠起身子，也显得挺兴奋地抬起一只手指了指凹地间的那一片建筑群。

大掌柜的一双手早在几十年前就冻掉在西伯利亚雪原上了，这会儿何以又有一双手长出来了呢？这就要说到古海。这个脑瓜玲珑剔透的小子，不管什么事一旦由他做出来就是和别人不一样。王福林跟了大掌柜那么多年，是颇受器重的一个贴身伙计，但是王福林在大掌柜身边日夜侍候着对大掌柜的那双残废的秃手硬是熟视无睹。后来接替王福林工作的那几位就更不要提了，尽皆愚钝之辈，一个个没干几天就被大掌柜撵跑了。只有到了古海，这个鬼精灵，跟了大掌柜不到一年的工夫，七鼓八弄的竟然拿细牛皮做出一双假手给大掌柜装上了！这大概也与他入号前在姑夫姚祯义的鞋店里帮忙对皮革的性质熟悉有些关系。那双细牛皮的假手做得惟妙惟肖，手指头和手掌都自然弯曲，右手的大拇指还微微翘着，极为逼真，还拿颜料把一双假手染成了肉色。不了解的人乍一看根本不会以为大掌柜装着一双假手。那右边的假手在食指和中指之间留有一个小槽，正好插一支小勺把，吃饭时大掌柜像俄国人似的以勺取食，甚为方便。

后来大掌柜在和人谈到古海和他的关系时，说："这小子跟我有缘！"小古海的善解人意无以复加，无人可及。跟大掌柜日子久了，他就好像变成了大掌柜肚子里的一条虫似的，大掌柜刚刚觉出一些口渴，古海就已经把茶杯捧到他的面前了；大掌柜刚刚觉得喉咙痒想抽袋水烟过把烟瘾，古海就已经把烟袋里装好了烟丝连火绒都点燃了。一切都顺心顺手，就好像大掌柜又多长出两条腿、两只手、一颗脑袋。生活起居的不便感觉顿然消失不说，古海往往还在生意上想出好多点子，为大掌柜省却了不少脑筋。如此这般自然是极得大掌柜的欢心。

二掌柜盛祯带领着大盛魁恰克图分庄所有的掌柜和伙计，站在买卖城的门口迎接大掌柜的到来。

在平常的日子里只有持有部照商凭的商人才能进入买卖城，有兵士设卡验证。现在正是年节，恰克图的督署衙门下令解禁三日，附近的牧人、僧侣，甚至三百多里以外的库伦人都乘着马赶着车来到买卖城看热闹赶年节。

恰克图的年节之所以特别地吸引人，还是因为春节期间会有数以千计的俄国人从俄方的买卖城和几百里以外的伊尔库茨克赶到中方的买卖城里来与中国人共度佳节。这习惯已经延续了半个多世纪了。正因为如此，中国人的买卖城内，商人们是放假而不关门。所有的店铺、住宅的门上和屋子的窗户立档上都贴满大红纸的对联和单联；在买卖城的各条街道的十字路口的街道中段有较大字号的地方，悬空挂起了一道道三色纸的彩帘，彩帘的下端剪成锯齿形，上面写着斗大的毛笔字，都是"三阳开泰""恭贺新禧""五谷丰登""国泰民安"之类的年节吉言。

督署衙门的规定是春节的初一至初三中方买卖城开禁三日，而实际上腊月二十九日这天关卡上的岗哨就已经全撤了，减去了查验证件的繁琐手续。大掌柜的马队在男女老少的俄国游人构成的熙熙攘攘的人流中穿行，拐进一条街，走进了一座带有回廊的庭院。后来古海知道这种房子的结构深受俄国建筑的影响，在房子的四面都开有门和窗，和俄国人的商栈极为相似——这就是每年吞吐货量都在几千万以上的大盛魁的恰克图分庄了！大盛魁所有销往俄罗斯的货物，包括福建、湖北、湖南的各类茶叶，江浙的丝绸织品，山东的丝线，江苏宜兴的瓷器，河南、河北的土布……最后都是由这个分庄吐出的；而俄罗斯皮货、毛毯、标布、金沙、粮食、药材、哈喇……也都是由它吃进的。一溜十间开间的房子是店铺，它只设货架没有柜台，是开架的。

实际上把它叫做货品陈列室才更准确，它是供俄商看样定货用的。在房间宽敞的地上摆着桌子、椅子和凳子。适逢年节，各张桌子上都堆满了点心、糖果和传统的中国油炸食物，许多俄国人——大部分并非是商业伙伴甚至都不是商人……坐在桌子旁边，热情的伙计们笑容满面地招待着客人，请客人吃东西喝茶，伙计们说话使用的都是俄语。伙计们乐呵呵地在客人中间穿行着，跑来跑去忙得不可开交。

店铺后面连着账房和卧室，旁边是高大的库房。账房和卧室面积都很小，因为习惯上谈生意接待客人都是在店铺里进行。现在店铺里挤满了前来恭贺年节的俄国人，而且先到的客人还未离去后来的客人就又进了店门。不断地传来那种卷着舌头说汉话的恭喜声——“恭贺新禧”“新年发财”“羊年大吉”……恰克图的俄国人都熟悉中国人的习俗，也都会讲一些简单的汉语。

盛祯把大掌柜请到账房中坐。账房里只有一张俄式的大长条桌子，十几把椅子，大小掌柜和彼夫佐夫坐定之后许多人就只好站着了。房间里挤得密密匝匝，谁要出进都要侧着身子走路。

刚刚给大掌柜沏上一杯茶，就有一个小伙计报告说：“盛掌柜，伊尔库茨克公司波波夫总经理前来贺喜！”

于是所有的人都站起来，让开一条路，请贵客进入账房。伊尔库茨克公司的总经理波波夫五十多岁，矮胖的身材非常结实，灰眼睛大脸盘，蓄两片浓密的髭须，一进门便依中国人的礼节抱拳施礼，用汉话说道：“恭喜恭喜！——大掌柜新年好！各位新年好！……”说着伸开双臂将大掌柜抱住，毛茸茸的大手在大掌柜的脊背上使劲地拍着。波波夫的外貌看上去与其说是俄国人，还不如说更像中国人呢。他的皮肤很粗糙，脸上布满了坑坑洼洼的点子，说话时喉音很重。后来古海知道，波波夫是通古斯族的一支部落的后代，他们的部落抛弃萨满教改信东正教的历史还不足五十年。从动作和心理习惯上看，他完全是个东方人。

一个头戴制帽的俄国小伙子把一个扎着彩带的礼盒捧上来。

“不成敬意，一点小意思，请收下！”波波夫接过礼盒亲手把它交到大掌柜的手上。

“谢谢了！……请坐！——请坐！”

大掌柜用俄语说。

房间里显得更加拥挤，主人和客人互相说着话，一会儿是俄语，一会儿是汉语，气氛也更加热闹了。

中方买卖城内人声熙攘，卖艺的、演杂技的、变戏法的，在街道的交叉路口上吸引了成千上百的俄罗斯男女。锣鼓和唢呐声拼命地放出最高的音响，渲染着节日的气氛。夜幕降临，城内各个角落响起了爆竹的爆炸声；五彩缤纷的礼花腾空而起划破黑色的夜空，继而又像万道彩色的瀑布从天而降。礼花引起俄罗斯男女的一阵欢呼。尽管寒气逼人，他们都被冻得脸色发红，但依然兴致盎然。

在中国传统的大年夜里并不是所有的俄国人都是来游玩看热闹的，精明老道的波波夫趁着贺年节的机会与大掌柜谈成了一笔粮食的生意。

粮食——主要是小麦和豆类，历来在俄国对中国的出口商品中占有很大份额。一连三年中国内地农业生产平稳，使俄商对华出口粮食的数量停滞在一个低水平上。恰克图的贸易形式主要是以货易货，中国不需要俄国的大量粮食，但是俄国却是缺不得中国的茶叶，俄方的皮货与其他物品无法与茶货抵平，自然就出现了逆差。俄国政府又有令不准白银出口，结果就造成了俄国各个公司，尤其是以经营粮食为主的伊尔库茨克和托博尔斯克公司大量粮食的积压。由于对情势的预见不准，储备粮食的仓库不够用，三年之内俄商在粮食生意上遭受的损失颇重。谈判是在分庄厨房旁边的餐厅进行的。由于大盛魁铁的传统规矩——年夜的食谱上只有小米熬稀粥这一道菜，厨子在把一大锅稀粥熬好之后，就找朋友打牌去了。

没有厨子无法做菜，而且什么佐料都没有准备，盛掌柜有些犯难，就把一个伙计叫到跟前说："你去赶快把胡师傅找回来！咱们自己喝稀粥没得说，可怎么能给俄国客人往桌上端稀粥呢?!"

"你要做什么?"波波夫问盛掌柜。他没听清楚盛掌柜吩咐那伙计些什么话，但从表情上他猜到了盛掌柜的意思。

"我让他把厨子找回来。"

"你看——我就猜到了，不必，不必了!"波波夫说，"与大盛魁打交道几十年了，用你们的话说就是老相与了，你们的规矩我知道的！新年佳节不吃美味佳肴，只喝稀饭，纪念先人创业的艰苦，这是很好的事情，我很欣赏！而且我波波夫对你们来说也不是什么客人，是朋友！我非常愿意与你们一起喝中国的小米稀粥！让我们一边喝稀粥一边谈生意，别有一番情趣的。"

盛祯看看大掌柜。

大掌柜说："照客人的话做——上小米稀粥！"

大海碗满满地盛了粥，每人面前一碗。大家一边喝一边说话。结果一笔十六万担小麦的生意在喝稀粥的唏唏溜溜的伴奏之中谈成了。这一年中国中原各地的小麦生产是个丰年，这是早在秋初就将山西、山东、河南、河北、陕西以及宁夏省的信息汇总后得出的结论。中国市场上并不需要大量的俄国小麦的进口。这一点大掌柜给波波夫讲清楚了，所以要他的十六万担小麦很大程度上是出于友情的考虑。历史上伊尔库茨克公司在俄国专事对华贸易的六大公司中，是以经营西伯利亚小麦为主项的，皮毛出口在其业务总量上占不到四分之一；他的大量现金都投入到小麦收购上了，如果中方不要他的小麦，波波夫就无法补平进口中国茶叶带来的逆差。在中国市场并不很需要小麦的时候进口了伊尔库茨克公司的十六万担小麦，显然是一种极大的体恤的举动，为此波波夫非常高兴也非常感激。作为回报，他将小麦的价格压低二厘，并且保证提供一级的新粮。最后签约的时候双方只有大掌柜、盛掌柜和俄方的波波夫总经理和彼夫佐夫在场。俄方提出对谈成的小麦生意的数量和价格进行保密，大掌柜答应了。

波波夫是西伯利亚土著居民的后代，他的祖先世世代代生活在广袤而又寒冷的西伯利亚土地，他们从事捕鱼和狩猎，过的是茹毛饮血的蒙昧生活。他们用自己猎获的海豹皮、海象牙、貂皮和珍贵的北极褐狐来换取中国人的砖茶、大布、瓷器等生活日用品。与中国人的交往使他们从蒙昧原始的生活状态摆脱出来，并且学会了经商。

俄罗斯人到来之后对西伯利亚当地居民采取歧视的态度，把他们称作是异族人。而这些西伯利亚当地人富裕起来之后，就送给他们一个绰号——西伯利亚小贵族。小贵族的称谓是区别于那些俄罗斯的真正贵族而言的。这里面当然就包含着瞧不起他们的意思。这些历史的原因造成伊尔库茨克公司、图拉公司等一些由西伯利亚渔猎民族的后裔组成的对华贸易公司与莫斯科公司、托博尔斯克公司等一些由俄国欧洲部分的城里人和哥萨克后代组成的公司之间的矛盾。不久前，后者曾经在圣彼得堡掀起过一场"镇压西伯利亚小贵族"的运动，给这些西伯利亚籍的商人冠以"蔑视皇权""恣意妄为"的罪名。但是他们没有成功。"西伯利亚小贵族"在两百年与中国商人的交往中已经积累起巨大的财富，光是波波夫家族的财产总额就超过了一千万两白银，而且在政治上他们也具有相当的实力。波波夫家族在半个世纪之内一直担当着俄国六大对华贸易公司的大本营伊尔库茨克市的市政要职。直到现在该市市长一职仍为波波夫的一个堂兄担任。波波夫家族成功地贿赂了俄国财政大臣维特，取得了维特的支持和保护，挫败了被他们称作“欧洲贵族”们发动的镇压运动。

大年初一的上午，托博尔斯克公司、图拉公司、莫斯科公司、喀山公司、阿尔扎马斯、伏罗格达公司，包括关系非常敌对的巴达玛耶夫公司的人先后都来登门拜年。大盛魁大掌柜、归化通司商会会长王廷相到达恰克图的消息作为一条重要的商业信息以最快的速度在俄国商人中间传开了。所以到大盛魁分庄来拜年的全都是各家公司里决策的首脑人物，他们都希望在中国人贺年节的时候同时能就一些实质性的业务问题与大盛魁的最高决策人进行磋商，最好能借这个机会谈成某项大生意。结果是他们的希望落空了。从早晨开始贺喜拜年的人就不断——当然也包括买卖城内的中国商人，一拨接着一拨。后到的客人连坐的凳子都没有，就在账房或者店铺的地上站着和主人谈话。账房和店堂的桌子上堆满了客人赠送的各式各样的礼物。俄语的、汉语的贺喜寒暄声交织成了一片。结果出现了这样的喜剧场面：俄国客人一进门抱拳施礼，满口的“恭喜发财”“羊年大吉”……也不管从屋里出来的人是谁，只管施礼抱拳满口吉言，常常是正要进门的和刚要出去的人在门口相遇，全都是俄国人，大家也都点头哈腰地向对方恭贺年节。拜大年把俄国人都拜昏了头。这场面让古海忍不住笑了出来。

让古海感到格外高兴的是，大年初一下午他看到了米契诃的父亲康达科夫。当他看到一个拄着拐杖的俄国商人一颠一瘸地朝分庄走来的时候，一下子就猜到了那是米契诃的父亲。康达科夫是莫斯科公司的副总经理，中等偏高的身量，身材很匀称，灰蓝色的眼睛和他的儿子像极了，金黄色的稀疏头发在额顶上梳理得整整齐齐，面色白净，蓄着两片干净的髭须，很有些绅士风度。康达科夫手里抓着软细羊羔皮帽子一边在自己胸前匆匆忙忙地画着十字，一边抱拳施礼向在门口的伙计们贺喜。

“你是米契诃的父亲——康达科夫先生吧?”古海向客人行了礼以后直接用俄语问道。

康达科夫现出很惊讶的样子，微张着嘴上下打量起了古海，眯缝着眼睛，脸上现出一种竭力回忆的神情：“是啊……可是，您是谁?”

“我叫古海，哦——也叫古元龙，”古海笑着说，“我是您儿子米契诃的朋友！”

“古海——古元龙……”康达科夫在记忆中搜寻着，脸上还是一副迷惘的神色。

“难道您的儿子没有和您谈起过吗？四年前，在我们中国喀尔喀草原的西部城市乌里雅苏台，莫霍夫的小商店……”

“是的，您怎么会知道？”

“是米契诃闲聊时告诉我的。”

“噢！我知道……”这一下康达科夫终于想起来了，高兴地伸手抓住古海的肩膀摇晃着说，“不错，是在乌里雅苏台！你就是大盛魁那个年轻的学徒古元龙！——米契诃经常给我讲起你的。因为你，他在乌里雅苏台的日子过得很愉快。”

“米契诃为什么没有来？他还在您的公司里工作吗？我很久没有得到他的消息了。”

“不，米契诃回到莫斯科不久就入伍了，现在在黑海岸边上与土耳其人打仗呢……在为我们的沙皇卖命。”

康达科夫是一个具有民主思想的人，为人正直，做事也公道。下午的时候俄商该来的也都来过了，买卖城内别的中国商人来拜年，盛掌柜安排分庄的其他掌柜在店堂里接待。这样康达科夫就得以在账房内安稳地坐下来与大掌柜和盛掌柜谈一谈生意上的事情。康达科夫想与大盛魁做一笔有关小麦的生意，他刚刚提了一个头就被大掌柜果断地拒绝了：“我们国内去年小麦是个丰收年，也没有战争发生，不需要粮食进口。”

“可是伊尔库茨克公司囤积了上百万普特的粮食要卖给你们的！”

“这只是他们单方面的想法。”

“伊尔库茨克公司！……哼！这些可恶的小贵族，欺行霸市什么事都做得出来！他们控制了整个东西伯利亚市场，还贪得无厌地要把手伸向西西伯利亚和欧洲城乡。他们高价收购小麦，想达到垄断的目的。”

一说到“西伯利亚小贵族”，康达科夫情绪就激动起来。大掌柜打断了他的话，说：“这些都是你们俄国人内部的事，康达科夫先生，我们中国人无权过问……”

关于粮食的事情大掌柜一个字不提，甚至连边儿都不擦一下，是一副决绝的态度。而事实上呢，古海知道大掌柜这次到恰克图主要就是来谈粮食生意的，早在去年的夏末秋初大掌柜领导的二十八家归化通司商号就在与俄商接触的过程中纷纷放出吃进小麦的意向，但是都迟迟不动。俄国方面的六大公司都准备了大量的小麦打算卖给中国人。中国商人早就探得俄国的东西伯利亚、西西伯利亚和欧洲的农田去年风调雨顺，小麦大面积丰收。拒绝谈粮食生意和拖延，目的是为了俄商各公司之间的内讧更加激烈，最后达到压价的目的。小麦是传统的项目，每年都是要吃进的。

大掌柜把话题引向了开辟俄罗斯西部茶叶市场的问题上来。传统的砖茶市场主要在西伯利亚，而俄国广大的欧洲部分的农村和城市并不饮用砖茶。他们习惯饮用绿茶、红茶、白毫茶、花茶、木墩茶和千两朱兰茶，也就是俄罗斯所说的“细茶”。俄罗斯人认为自己比异族人来得文明高贵，异族人只能吃粗糙的砖茶，只有他们才配饮用来自中国南方的“细茶”。只是“细茶”较砖茶在价格上要昂贵得多，包装运输上也困难些，历来不被茶商重视。这样就造成了俄国的欧洲部分的城市和农村，把中国“细茶”视为奢侈品，在城市只有那些有地位的政府官僚、世袭的勋爵、新生的资产阶级、商人，在农村只有那些农场主、教堂的高级牧师和退役回乡的军官，他们才有资格饮用“细茶”，而广大的农民（包括自由人和农奴）、城市市民只能以自制苏打水做常年的饮料。

康达科夫的莫斯科公司目前正在致力于开辟新的“细茶”市场。这个主意是二掌柜帮着康达科夫想出来的。康达科夫也好，其他的俄国商人也好，他们与中国商人的来往根本就不是一般局外人想象的那样，一年中间有几次见面，只要一坐下来就谈生意，严肃着面孔讨价还价，为一种货品的价格、质量争得面红耳赤。不是的，完全不是这样的。中俄双方的商人各自住在相隔仅一百步的两个买卖城内，他们之间的交往频繁随便得就像中国内地的大村庄一样，随时都可以到对方的店铺里去闲坐聊天。主人要是为什么事情忙不过来，完全不必顾虑陪客人的事情，客人自己去沏茶，去拿主人的叶子烟来抽——自己照顾自己。双方都是如此。有时他们聚在一起玩一种投骰子的游戏，可以从傍晚一直玩到第二天早晨。带赌注的投骰子的游戏在恰克图中俄双方的买卖城里是十分盛行的。

大年初一大掌柜不愿意把一年中间只有一次的节日气氛搞得过分板滞，在与康达科夫谈到开辟“细茶”市场的事情不久，就提议说：“据说这几年投骰子在恰克图很盛行，我们来玩一把好不好？”

“好啊！”康达科夫立刻就响应了，他对投骰子特别着迷，“我早就手痒痒了！”

拉开架势玩儿，空气也活跃了。二掌柜盛祯亲自找来一块俄国毯子，铺到桌子上，吩咐伙计给沏上白毫红茶。大掌柜、二掌柜、康达科夫，四个人是三缺一。大掌柜向周围看了一圈之后把目光投向身边站着的古海说：“你来！——别站着了，坐下来顶个缺。”

古海犹犹豫豫地坐下来了。入号八年了这是头一次与大掌柜、二掌柜并肩坐在一起。平时里总是站着侍候掌柜，端茶、倒水、点烟、开门、撩帘……这一套他做惯了。突然让他与掌柜们坐在一起玩儿，古海就显得特别紧张，一副手足无措的样子。骰子是海象牙刻成的，六个面上分别刻着一、二、三、四、五、六个红点；投的时候嘴里还要同时喊出一个数，待骰子滚了两圈稳住了，冲上一面的点数与你喊出的点数正好相同，就算赢了，否则就是输。喊出的点数与实际的点数相差越多就输得越惨。实际上这种游戏是专门为赌钱发明的，不带赌的玩儿就一点意思也没有。康达科夫说：“你们中国人平日里太古板！尤其是山西籍的中国人。”

“没有办法，”盛掌柜说，“人性即是如此。”

“你们根本不明白带上赌注以后的那份刺激有多么有趣！……五点！”康达科夫说着投出骰子，“啊哈——我大赢了！”

“康达科夫果然玩得好！”大掌柜赞叹说，却并不兴奋。

“要是在别处，我这一下就厉害了，”康达科夫说，“也许是一块中国元宝，也许是一头两岁的犍牛就归我所有了！有一次我和‘壁光发’的牛掌柜玩儿，牛掌柜一骰子投出去居然赢了什么？你们猜猜！”

“是银两？”

“不对。”

“是茶驮子？”

“不是。”

“是骆驼？银票？”

“都不是——是女人！是一个漂亮的乌克兰姑娘！”

“人是活的……”古海很不理解，“怎么赢来赢去的呢？”

“小伙子，这你就不懂了，”康达科夫很神秘地向古海眯眯眼睛，“乌克兰姑娘可是妙极了！她叫柳笆，是我们一个俄国商人养的小情妇，这么一下子就归了牛掌柜了。牛掌柜在我们那边买卖城的外边给柳笆买了一所房子让她住，牛掌柜每星期都要到柳笆那里住两天。真是妙不可言其乐无穷啊！哈哈哈……"

古海被康达科夫笑得很窘，脸涨红着。他偷偷看看大掌柜，发现大掌柜的样子也很尴尬，再看二掌柜也是挺不自然地在干笑。

大掌柜把话岔开了："康达科夫先生，听盛掌柜说你们的莫斯科公司在开辟'细茶'市场方面很有进展，是这样的吗?"

大掌柜向康达科夫问话的时候使用的是俄语。一边玩儿一边聊，大家在不自觉中所操的语言一会儿是汉语，一会儿是俄语，一会儿又是蒙古语，就像是做农活的农民放下筐子、拿起锄头，怎么方便怎么来，需要什么工具就用什么工具。

康达科夫沉吟了一会儿使自己从玩笑中清醒过来，回答说："我们遇到的最大的障碍，就是习惯问题。当人民把'细茶'当做奢侈品的时候，是很难大量销售的。"

"习惯是逐步形成的，也是可以逐步改变的。"大掌柜说，"我们中国人过去千百年只习惯穿自己家织的土布，但是这些年不管是城市还是乡村，中国人中间已经有九成以上的人改穿洋布做的衣服了。你们莫斯科公司提供的俄国标布的数量逐年提高就是很好的证明。我希望中国'细茶'在俄国的西部也能像俄国标布在中国市场那样为广大人民接受，成为畅销的产品。"

"那当然求之不得！问题是在价格上。就以布匹来说，俄国标布之所以受中国人的欢迎，是因为中国土布外观赶不上俄国标布，价格还不便宜。可是中国'细茶'就不一样了，它的价格太昂贵。"

"这和数量有关系。现在你们进口的中国'细茶'每年连两万箱都达不到。倘若你们进口中国'细茶'也像我们的砖茶一样，动辄就是十万二十万担的数，价格自然就降下来了。"

"我认为俄国的砖茶市场在一百多年的过程中已经形成相对固定的格局，六大公司各有各的势力范围，再下多大工夫也不会有太大的出进。"盛祯说，"对你们莫斯科公司来说，聪明的做法还在于开辟新的市场。你们做中国'细茶'生意是有地利之便的。只要你们达到一个数量，我们中国方面可以采取办法限制其他俄国公司进口中国'细茶'，保证你们独家经营！还可以有一些其他的优惠条件。”

“我很想听听你所说的其他优惠条件。”

“比如说，我们可以考虑不赚钱，甚至赔一些钱进口你们的粮食。这个道理很简单，正像你们俄国人卖给我们标布一样，很长一段时间你们在标布和其他纺织品的出口上并不赚钱，有时候你们从英国人、德国人那里转手棉纺品，换上你们公司的货签，搭上了运费和双重的税收，这些生意肯定是赔钱的。但你们巩固了与我们的关系，占领了市场。更重要的是在回程货上你们找回了损失。现在我们也是同样的想法，不赚钱甚至赔钱也愿意把中国的‘细茶’卖给你们。实际上在营销‘细茶’的问题上，俄国的六大公司中间只有你们莫斯科公司有这个能力。正像大掌柜所说——你们占据着地利，可谓得天独厚。”

“那么，你们打算在价格上再让出多少呢?”

盛祯望望大掌柜。大掌柜拿两根假指头很巧妙地夹住骰子，在眼前欣赏着，突然把骰子抛在毛毯上，说：“一点！——”

“不！——是三点！”康达科夫抢在骰子落定之前说。

骰子落定，果然是三点。大掌柜自嘲地摇摇头，说：“你赢了！——康达科夫先生，我们在‘细茶’的价格上再让你三厘！但是要数不低于三万箱。”

“好——我们成交了！”

康达科夫说。

赏读

《大盛魁》小说以晚清为背景，以山西商人经营的“大盛魁”字号为代表，讲述了山西人在归化经商开设字号的商业活动史。小说发生在清代同治到光绪十年间，一共有三部，分别讲述了古海进入“大盛魁”字号成为学徒，从古海的视角展示大盛魁商号经商的各个方面，因为一次重大走私事件，古海被字号开除，被迫离开字号独自磨练，后来复归字号，并带领字号开创商业新局面，但最终因为时代变迁字号在内忧外患中不得不宣布倒闭的故事。

《大盛魁》将故事背景置于北方城市归化城，这里靠近茫茫草原，一群客居于此的晋商以其独特的经营方式开创了大盛魁的繁荣局面。小说序幕从古海的脚步踏进大盛魁总号大院展开。古海像一个观察员一样转了一大圈儿，从归化城到大草原，从大盛魁的日常经营到要事决策，作者借助古海的眼睛，有条不紊地将大盛魁的全貌娓娓道来。通过这些全景展示，可以大致了解大盛魁的经商方式具有非常明显的中国传统的商业文化特质。

诚信泽利、讲求信义的经营理念在大盛魁的商业经营中占据着重要的位置。与俄国人做粮食、茶叶方面的生意是大盛魁的传统项目。康达科夫是莫斯科公司的副总经理，也是古海的好朋友米契诃的父亲，古海在乌里雅苏台学的俄语就是米契诃教的。因为有这层关系，双方交流的气氛十分融洽。大掌柜利用春节期间一些商户不谈生意的空隙，与康达科夫谈成了粮食和细茶方面的大笔生意。

大盛魁依靠诚信形成了稳定的贸易圈。在草原上，大盛魁的旗号分外响亮，人们只要听到是大盛魁商号的货，就分外放心。大盛魁的“川”字砖茶，因质量上乘，蜚声海内外，许多商品只要是拥有了大盛魁的名号，就可以免去验货的麻烦。姚祯义鞋店里生产的蒙古祥云马靴和俄罗斯长筒皮靴，贴上了大盛魁的“魁”记货签，就远销蒙古草原和恰克图码头。同时，讲究信义的大盛魁只做大买卖，他们把小的生意留给其他商号去做，让其他小本经营的商号有了生存空间。大盛魁在挑选合作的商业伙伴时非常谨慎，对于讲究诚信的商业伙伴，会在交易中给足对方的利益，使对方觉得成为大盛魁的合作伙伴肯定有厚利可图，事实也是如此，与大盛魁往来的商家都是信誉极好的商家，而且通过与大盛魁的合作，商家自身的信誉也与日俱增更加巩固。大盛魁在建立自己信誉的同时，也通过良好的商业合作，在商界一步一步确立起垄断地位。

大盛魁商号以其一个商号展示了清末商人经商的历史，这一商号的经商策略，目标远大、眼界开阔，已经将整个中国的版图纳入视野之内，一副大商人的胸襟与气魄，为中国商业文化增添了一抹亮丽的色彩，是一部精彩的商业史。

切磋琢磨

1. 有观点认为商界操守今不如昔，请谈谈你的看法。

2. 分析晋商诚信经营的典例，谈谈你对商业诚信真正内涵的理解。

（1）山西平遥的日升昌票号，曾经“执中国金融之牛耳”，以汇通天下而著称。作为我国银行业的“乡下祖父”，其在经营过程中，遇到过这样一件事情：清末时期，一位沿街乞讨的老太太拿着1200两银票，突然来到票号，要求提取白银。柜头仔细查看，发现竟然是十多年前的张家口分号的汇票，通过仔细地询问汇票的来源并核查账目，发现确实属实，票号立即将其兑换。当时，老太太的丈夫早已死亡，这张汇票是在隐匿处才找到的。对于一笔十多年前的旧账，完全可以用死无对证来解决，但日升昌并没有那么做。由于坚持诚信原则，日升昌在激烈的商业竞争中做到独树一帜。

（2）“广恒信”货栈，主要的盈利方式是为顾客储存货物。一场突如其来的大火将“广恒信”的货物全部烧为灰烬。处在极度困境中的“广恒信”并没有失信于众人，严格按储存清册一一查清，按当时的实价全部照还给客商。为此，“广恒信”赢得了“宝店不漏针”的美誉。

3. 中国商业经济发展史上有十大商帮：山西商帮、徽州商帮、陕西商帮、山东商帮、福建商帮、苏州洞庭商帮、广东商帮（珠三角和潮汕）、江右商帮、龙游商帮、宁波商帮。其中晋商、徽商、潮商是势力最大、影响最远的三大商帮。请结合所读的作品，谈谈你的看法。